Problem&Polemic

JN056295

PP選書

Problem&Polemic

｜課題と争点｜

重度精神障害を生きる

精神病とは何だったのか
僕のケースで考える

高見元博
Takami
Motohiro

批評社

はじめに

僕は統合失調症の当事者である。この本は、精神障害者が日本の歴史上はじめて、そして世界でも珍しい当事者による自己解放組織である「全国『精神病』者集団」を結成した創始者のひとりである西山志郎さんが発行する患者会紙「ともしび通信」に二〇一六年正月から七年間にわたって連載した『精神病とは何なのか私のケースで考える』をベースにした第一章を中心に、そこから考察される精神障害者の自己解放論をまとめたものだ。

僕は郵便配達の仕事をしていて精神障害者であるということを理由に解雇された。解雇撤回闘争を闘い、誰もが「絶対勝てっこない」と言う中で、一審神戸地裁で解雇撤回の勝利判決を得た。日本の障害者の労働する権利保障がいかに国際的なレベルからかけ離れた差別的なものかを立証し、郵政当局と真っ向勝負した。当時は「障害者権利条約」はまだなく、国連や国際機関のレポートや会議報告を収集しファイル数冊分の証拠として提出した。神戸地裁の森本毅《あきら》裁判長はそれを読み込み、郵政当局の主張と突き合わせて、僕の解雇を取り消すことで障害者雇用促進の突破口にしようとして判決を書いたのだと思う。そういう意図が判決文の文脈にあふれていた。

当時の僕は「郵便配達という仕事を八時間労働で一〇〇％の労働密度で」働けるまでには回復していなかった。僕が主張していたのは「仮に八時間労働での就労という就業規則に従うとしても、それは労働密度についての定めではない。低い労働密度での、例えば仕事量を半分に減らすなどして復職させてはならないという内容は就業規則には書かれていない。また、郵便配達以外の仕事に就かせてはならない理由はない。復職させないという国際的水準からかけ離れて後進的で差別的な日本の障害者雇用水準に風穴を開けるにはこの解雇を取り消すほかない」ということだった。

この考え方は「仕事にありついて労働力を売ることができた者だけが賃金を受け取る」という資本主義の原理はもちろん、「働かざる者食うべからず」と一九一七年のロシア革命後のソビエト憲法に書き込んだマルクス・レーニン主義者の思想をも超えたものだった。僕が掲げた原理は「各人は能力に応じて働き、労働に応じて受け取る」という過渡期社会のものを超えて、「各人は能力に応じて働き、必要に応じて受け取る」将来社会のものなのだ。この将来社会の原理でなければ障害者は解放されない。それを今日的に適用してはいけないといういかなる理由もない。今日的な意味での「労働能力」が低くとも、「健常者」と同じだけ食べるのだから受け取る報酬は「健常者」並みでなければならない。ましてや介助を必要としているのだから、介助を保障する分だけ多くを受け取らなければならない。「能力に応じて」働くが「必要に応じて受け取る」原理でなければ、障害者は一人の人間として生きていけないのだ。

当時この思想を受け入れてくれたのは障害者運動の中でも少なかった。名前をあげれば、楠敏雄さん、「全国『精神病』者集団」の山本眞理さん、香川悟さん、精神障害者集団「虹の会」、関東「障害者」解放委員会、阪神障害者解放センター事務局長の住田雅清さん、東灘郵便局部落解放研究会代表の北川敏雄さん、「全逓四・二八連絡会」の神矢努さんたちなどだ。数え上げられるほど少数だったのだ。僕が所属した「反戦青年委員会」という大衆団体を「指導」していた新左翼党派でさえ僕の知る限りこの内容を理解した人はいなかったのではないか。彼ら恩人のおかげでこの本ができる闘いが実現した。感謝してもしすぎることはない。

その後裁判は資本主義の原理と精神障害者差別に満ちた大阪高裁と最高裁で敗訴が確定したが、神戸地裁判決の画歴史的な意義をいささかも低めるものではない。

その後僕は、中国で文化大革命で傷んだ人々を救うために周恩来が命じて開発された『還元顆粒』という漢方薬に出会い、症状が劇的に改善された。念のために言っておくと、漢方薬は人に合うのであって症状に合うのではない。僕と同じ症状でも体質や症状の原因が違えば合うものではないので気を付けてほしい。

こんにち、本文に書いたが「精神保健福祉法」改悪策動と対決した二〇二二年一二月六日の真冬の国会前座り込みを大きな契機として、右翼日和見主義に転落した「全国『精神病』者集団」

などと分岐した障害者解放運動の発展が実現している。「『骨格提言』の完全実現を求める大フォーラム実行委員会」の仲間たちであり共に闘う議員たちだ。個々の名前は上げないが「れいわ新選組」「日本共産党」「沖縄の風」の国会議員たちが座り込みを激励に来たり、集会で発言してくれた。彼ら彼女らも僕たちの仲間だ。僕はそこに共に闘う仲間たちを見出している。

「連帯を求めて孤立を恐れない」永い闘いが結実しているのだ。

この本を読んだ人たちが僕の戦列に加わってくれることを切に願っている。僕はフェイスブックをしているので「『重度精神障害を生きる』: 読者のページ」を検索してぜひ仲間に加わって欲しい。

PP選書［Problem & Polemic：課題と争点］

重度精神障害を生きる

——精神病とは何だったのか僕のケースで考える＊目次

第一章
精神病とは何なのか、僕のケースで考える

精神病とは何なのかというテーマについて、僕という一人の人間がなぜ、統合失調症やうつ状態に罹《かか》ったのかということに深く踏み込んで、「人はなぜ精神病になるのか」ということを自分のケースにこだわって考えてみたい。

自分の経験という個別のケースなので、一般化できることもできないこともあると思う。むしろ一般化できないことの方が多いだろう。しかし、自分自身の特殊なケースという具体的な話の方が、精神病を説明するためには分かりやすいのではないかと思う。一般論としての説明や解説なら精神科医や研究者に聞いた方がよいだろう。だから個別、「僕」にこだわって書いていくことにする。

統合失調症の薬と抗うつ剤が効く人

主治医は僕のことを「統合失調症の薬と抗うつ剤が効くタイプの人だ」と言う。障害年金の診断書には統合失調症と書いてある。厳密には「統合失調症性うつ状態」という病名がついているのだが、診断書にはそこまで書かない。しかし、主治医は病名で僕を規定するのではなく、僕を「統合失調症の薬と抗うつ剤が効くタイプ」の一人の人間であると言うのだ。それは主治医が僕を一人の人間として、その存在を認めた言い方なのだと思う。世の中に「精神病者」という「者《もの》」が存在するわけではなく、「精神病の薬が効くタイプの人間」がいるだけなのかもしれない。主治医の言葉はそのことを気付かせてくれた。

僕に「統合失調症性うつ状態」という病名（診断名）が付いたのは、五五年以上の病歴の長さの割に比較的新しく、ほんの二〇年くらい前だ。それまでは、さまざまな病名が付いていたし、後にも統合失調症とうつ状態が別々にあるように言われていた。うつうつする状態とイライラがほとんど同時期に現れるという矛盾した症状があるのだが、それがうまく説明できなかった。説明ができない症状があるというのはとても不安だ。僕自身の経験で言えば、一つの病名でくくられた時に初めて安心感が生まれた。自分では説明不可能で困惑していた事象に説明がつけられたということから得た安心感があった。

精神病で何が起きているのか。一般に脳細胞のシナプス間の神経伝達物質の流れが乱れる病気と言われている。しかし、それが事実だとしても精神病であることの結果としての現象を示すだけではないのか。心の中で最初に何が起きていたのかという説明にはなっていない。長期間の精神的なまた身体的な抑圧によって、そういうふうに脳が反応していると見る方が正確ではないのか。

これから僕の発病を振り返り、仮に脳内の神経伝達物質の乱れが現象として起きているとして、その現象の原因となった長期間の精神的な抑圧とは何だったのか、どのような実態をもって加えられた抑圧だったのか、具体的に見ていきたい。

僕は、幼少期から父親による虐待を受けてきた。父親は、赤子の頃から知能があまり発達していないように見えた僕が憎かったのかもしれない。幼少期よく殴られた。母親は父親が両親を幼少期に亡くしており、親としての愛し方を知らないのだと説明していた。ともかく僕は、何事かにつけて、また父親の気分次第でよく殴られていた。父は僕を思いっきり殴るので体ごと飛ばされていた。五歳下の弟が生まれると父親は弟をすごくかわいがっていたので、父が親の愛を知らないからだという母親の説明は納得のいくものではなかった。

僕に何らかの精神的な症状があったということをはっきり記憶しているのは高校生の頃からだが、それまでも相当変な奴だったと思う。病名がついたのは高校生からだが、僕には病名の変遷がある。高校時代には「ノイローゼ」に罹っていた。その後一度症状がよくなり、後に精神科医から「人格障害」だと言われた。「統合失調症」と言われたのはずっと後だ。高校時代、ノイローゼと言われた時も学校には通っていた。大卒で就職して、二五～六歳ぐらいからさらに変調をきたすのだが、当時は病名はついていない。この時期には働いていた。二九歳頃に、郵便局で働いていて職業病である頸腕《けいわん》・腰痛症から不眠症とうつ状態に罹病した。この病気のために仕事ができなくなった。この時は、病名は最初、自律神経失調症からうつ状態と変わった。「統合失調症」という病名が初めて付いたのは、三〇歳をだいぶ過ぎて病気休職中だった。

高校生の頃の時代情況――造反の時代

高校一年の時にサッカー部だったのだが、強豪チームで練習がきつかったため、急性腎炎になった。一切の運動を禁じられたために人付き合いが極端に苦手になった。体育の時間は必ず休み、休み時間も外では遊べなくなった。それまでの友達付き合いも狭く運動部系中心だったこともあり、誰とも付き合わなくなってしまった。禁じられたのは運動だけだが、交友関係も同時に失うことになった。結局、学校では毎日一日中誰とも話をしないということから始まり、精神的に病んでいった。挙句の果てに、一カ月以上風呂にも入らないといった状態が続いた。

僕は高校時代、何らかの精神的病いに罹ったのだろうと思われる。この時、はじめて「ノイローゼ」という診断を腎炎でかかっていた内科の医師から受けた。この病名は当時の流行りで、精神病の症状のことをそう呼んでいたふしがある。厳密な意味での「神経症」という「ノイローゼ」とは限らない。一般的に付け易い病名が「ノイローゼ」だったのだろう。当時の僕の主治医は、だいたいが内科医だから、精神病の診断が正確にできたとも思えない。しかし、精神科には行かされなかったために強制医療を受けずに済んだ。内科医の診察であったために、精神病院に送られなかったのは幸いだった。

自由への渇望

もし精神病院に送られていたら、もっともらしい病名をつけられて、強制入院になっていた可能性が高いと思う。内科医が引き受けてくれたのは幸いだった。精神的な症状は高校から大学二、三年まで続いた。

高校時代（一九六七年から六九年）の社会情況は「造反の時代」だった。僕も「制服・丸刈りは軍国主義だ。成績別クラス編成は体制に従順な大人にするための差別構造だ」と思って自由化を求めていた。規則だらけの高校に異議申し立てをした。成績で輪切りにするクラス編成や、受験体制そのものに対しても異議申し立てをした。とは言っても誰とも話をしない状態は続いていたので、クラスの誰でもみんなが読む学級日誌などに、日ごろ感じていた想いを書いていた。その当時から文章を書くことが好きだった。「制度」に縛られることは嫌いだったので、共産主義や政治諸党派も、何とはなく好かなかった。

高校生の頃は、南米の革命家チェ・ゲバラや、アメリカの一九三〇年代の社会主義者で小説『白い牙』（極北が舞台で主人公の犬「白い牙」が自由に暮らす狼の仲間になることで解放されるというストーリー）の著者であるジャック・ロンドンに憧れていた。僕は『白い牙』の主人公のように根底的な自由を求めていた。

卒業式では「暴れたら卒業させないぞ」と教師から脅され、張り付いて監視された。僕が自由を求める表現をしていたからだけではなく、僕の「狂気性」が問題にされたのかもしれない。誰とも話をしないし、風呂には一ヶ月以上入らないから体臭が臭うなど、僕の「狂気性」は多くの人の知るところだった。

高校の卒業式は、異議を申し立てる者が出ないように「始め、礼、終了」と一分で終わった。しかし、僕は卒業するために抵抗しなかった。病弱で高校中退という履歴では生きていけないと思ったからだ。僕は「学校」という名の権力機構に「屈服した」と強く感じた。

高校の頃にはサルトルを読みふけり、そのほとんどの著作を読んでいた。サルトルの「参加」（アンガージュマン）の思想は腑に落ちるものだった。「ナチスも同じ人間だったのだから『人間の本質』など存在しない。人は何事かに『参加』することでその人の人間性を形成する」という考えだ。徹底的に闘わずに敗北した僕は権力者に屈服した人間になったと感じていた。僕には狂気性と論理性が同居していた。

なお、この時に闘ったのは僕一人ではなかった。僕の高校にも「造反高校生」は僕が知るだけで三人いた。うち一人はブント（共産主義者同盟）RG《エルゲー》派のメンバーだった。闘争の獲得目標の一つだった「制服廃止・丸刈り強制廃止・自由化」は卒業式前に実現された。しかしより本質的に改革を要求していた成績別クラス分けや受験体制そのものが変わることはなかった。僕の高校自由化闘争は「ガス抜きされて敗北した」と総括して終わった。

『気ちがいピエロ』

当時、僕は奇声を上げたり、誰とも会話しなかったり、長く風呂に入らなかったりしていたので、たぶん「統合失調症」系の病気だったのだろうと思う。僕がこのような苦悩の中で死ななかったのには理由がある。僕には「全ての私を殺さぬものは、私を強くする」という確信があった。僕の経験した苦悩は、僕をもう一回り強く大きな人間に変えているはずだ、そしてこの苦悩を過去のこととして語れるだろうという思い、不思議な生命力があった。これはナチスのユダヤ人収容所を生き抜いた精神科医で実存主義哲学者のヴィクトール・フランクルの『夜と霧』から学んだことが僕の心の奥底に影響を与えていた。

一九七〇年頃、「朝日新聞」社会面に連載された、新聞記者が精神病者（アルコール依存症）を装って精神科病院に潜入して取材するというルポを読んだ。それは当時の精神科病院の悲惨極まりない実態を生々しく伝えるものだった。それが後に単行本になってベストセラーになった大熊一夫の『ルポ精神病棟』だと知った。この本が決定的となって僕は精神科病院だけには入りたくないと固く決意した。

数年後、精神科にかかった時も、入院はしないように注意深く避けていた。嘘をついてでも入院に繋がりそうなことは言わなかった。精神科にかかるころには風呂にも少しは多く入っていたし、汚い服は着ていたが洗濯も少しはしていたから外見的に分かる症状は少なかったと思う。僕は外に現れる幻覚・幻聴などの陽性症状の影響は小さく、内にこもる陰性症状が大きかったことも嘘をまじえた言葉でごまかせたのだろう。

ずっと後のことになるが二〇二〇年一二月二〇日、ＮＨＫラジオの『飛ぶ教室』の中で高橋源一郎が映画の『気狂いピエロ』が面白かったと話していたことで思い出したことがある。この映画は一九六七年に日本で公開されたジャン・リュック・ゴダール監督のジャン・ポール・ベルモンド主演作品だ。その映画のモデルになったと思われる、ジョゼ・ジョバンニの小説『気ちがいピエロ』は高校生のころに大好きな小説だった。映画と小説はストーリーが異なる。小説のモデルはフランスの実在のレジスタンス出身のギャングで暴れ回ったあと姿を消してしまい、その後も捕まらなかったが、本名も分かっていて、後に堅気の漁師になってから警察にも見つけられたが逮捕されなかったらしい。

ジョゼ・ジョバンニ監督が制作した『フィルム・ノワール』と名付けられた一連の暗黒街を描いた映画作品群の中の映画でそのことが描かれていた。高校生のころに僕は「ノイローゼ」と診断されていたから、この「気ちがいピエロ」というフレーズに親近感を持ったのだろう。「気ちがいピエロ」というフレーズを頭の中で繰り返すのが、後々まで好きだった。僕自身は、高校生から大学三年までは自分の精神病的な症状については「病識」(自分が病気であることの自覚)がなかったと思って来ていたけれど、当時から、このフレーズが好きだったのはある種の「病識」だったのかもしれない。

映画『明日に向かって撃て』の衝撃

僕は高校卒業時には、学校自由化闘争の敗北感に打ちひしがれていたが、その中で、僕は人生を劇的に変える一編の映画に出会った。高校卒業の春休みに、弟が観たい映画があるというので一緒に観に行った『明日に向かって撃て』という西部劇の映画だ。それは閉塞状況にあった僕の心を、穴を穿《うが》つように、囲っている壁を打ち壊すように解放した。最初は、「あっ」と呆けるような感覚があったが、観終わった後、「よしっ、ようっし」と心の中で叫ぶ自己肯定感が湧いた。この何とも言えない解放感は心を、僕の鬱屈した精神の中の何か固まったものの芯を溶かした。

映画『明日に向かって撃て』は、一九六九年の作品で日本では七〇年に封切られた。当時のベトナム反戦闘争を背景にした時代的閉塞状況の中で自己解放に向かってあがく若者たちと重なり、社会的ムーブメントになった。西部開拓最後の時代に実在したアウトローをモデルにして、強盗団の頭領ブッチ・キャシディ（ポール・ニューマン）と仲間のサンダンス・キッド（ロバート・レッドフォード）が、列車強盗を繰り返した後、鉄道会社が雇ったピンカートン探偵社に追われて、サンダンスの恋人エッタ・プレイス（キャサリン・ロス）と共に南米ボリビアに逃げ、そこでも強盗を繰り返す。ブッチとサンダンスはピンカートン探偵社からもボリビア警察からも追われるようになり、ボリビア陸軍に包囲された小屋で最後の希望を語り合うが、小屋の外に飛び出したところを数十丁の小銃の一斉射撃を何度も受ける。

世界中で大学占拠闘争やベトナム反戦運動が警察の暴力で圧殺されていた中で反抗する若者たちに共感を寄せた作品だった。ギャング達が自己解放を求めてあがく姿に、僕自身の立ち位置が重なった。僕はそれまで家族からも社会の誰からも「共感される」ことがなかったし、肯定されたことがなかった。だから閉塞的だった自己意識を「あるがままでいいんだ」と言われた思いがした。

学園闘争のバリケードの中から社会を撃つという僕の立ち位置は、自己解放を目指したギャングの反社会性と共振するものだった。映画『明日に向かって撃て』では最後にギャング達は軍隊によって射殺されてしまうが、この映画はその決起した若者たちに向けて共感を発信していた。

僕の挫折感にもこれからの将来に向けて乗り超えるべき何らかの衝撃を与えてくれた。この映画のもつ自己解放性と精神病からの快復の因果関係はよく説明できないが、その後、僕の精神病症状は劇的に改善した。映画を観ただけでそうなったわけではないかもしれないが、精神病症状はかなり軽快していった。

この時期に一九六〇年代後半から七〇年代にかけて発表された「アメリカン・ニューシネマ」と呼ばれた一連の作品が、閉塞した時代情況のなかで自己解放にあがく若者たちの支持を得ていた。大学入学後、僕は当時、神戸・三ノ宮にあった「ビッグ映劇」という映画館に通うようになった。二本立てで三〇〇円くらいだったと思う。当時の喫茶店のコーヒー代より少し高いくらいで、僕にとっては共感しうる良い映画をたくさん上映していた。二週間に一回上映作品が入れ替わるのを毎回観ていた。

僕が観た映画のなかでは『さよならコロンバス』がとくに好きになった。この映画は日本ではあまり高い評価を受けていなかった。アメリカ富裕層社会を象徴するオハイオ州立大学コロンバス校を舞台にした、女子大生のブレンダ（アリ・マックグロー）と貧困層に属する大学図書館司書ニール（リチャード・ベンジャミン）の恋物語だ。宗教の違いと貧富の格差を乗り超えて自由な恋愛と結婚を受け入れられない富裕層の不自由の悲劇を描いていた。主人公の女子大生のブレンダは恋をした図書館司書のニールと一緒になるには、富裕階級という立場を捨てなければならないという階級矛盾を超えられないで恋愛は破綻するというストーリーだ。「階級間格差」「階級間矛盾」というものを描いた映画というのを初めて観た。

『明日に向かって撃て』は一〇回以上観たが、誰からも共感されない精神病症状を持った自分自身を肯定してくれて、共感してくれる映画群が好きになった。

造反高校生ゆえに受験勉強は全くしなかったので、特別な勉強をしなくてもいい国語では自慢話と思われたら嫌だが学年トップの成績を取るが、数学、理科は劣等生という偏った成績だった。国語が重視される私立大学には入れた。大学に入っても「狂っている」精神症状は続いていた。しかし、『明日に向かって撃て』という映画を観たことがきっかけでかなり好転していた。風呂には以前より多く入るようになった。同級生とは少しは話もできるようになった。しかし、僕の小さくてくぐもった声は聞き取りづらかったらしい。その大学も一年生の夏休み以降は登校しなくなった。単なる不登校だが、映画館と深夜放送のフォーク番組のフリークになり、自分の安心できる居場所を見つけた。

大学一年生の一九七〇年五月か六月に全一日の全学バリケードストライキがあった。僕は前日の一〇〇〇名の全学集会と五〇人くらいのストライキ決起集会にだけ行ってバリケードには加わらなかった。内科医から激しい肉体的運動が禁じられる状況が続いていたこともあって、高校生の時の学園闘争の敗北に続く、敗北感、疎外感を抱かされた。しかしそのことで落ち込むよりは、身体病の腎炎を治そうという意欲の方に前向きになっていた。大学に行かず、映画ばかり観ていたことが精神病症状には良い方向に作用したようだった。そのまま出席しないと大学を四年間で卒業できないし、親も四年間しか学費を出さないと言うので、二回生からは大学にも通った。約半年間の休養と映画三昧の生活で精神症状は少しは改善していた。結局三年間で四年分の単位を取って、四年後には卒業することができた。

無期限全学バリケードストライキ

学生の頃、日本の作家では北杜夫が好きだった。躁うつ病であることを公表していた北杜夫の「狂気性」に共感したのかもしれない。北杜夫が自己解放を投影した『白きたおやかな峰』がとくに好きだった。大学に入ったころも同じ内科医で診てもらっていた。内科医だからだめというわけではないが、精神病症状の治療はなされていなかったようだ。いつまで腎炎が続いたのかははっきり覚えていないが、大学三年の頃には治っていたように記憶している。腎炎回復後は、精神病症状の方も寛解していたようだ。

そうした経緯を経てしばらくの間、医者からは一切離れることができた。精神病症状はあったのかもしれないが、前景に出ることなく意識することもなく過ごしていた。

腎炎が治癒した後、大学三年の夏休みに、一週間かけて四国を一周するという、無銭旅行を決行した。寝袋を持って、汽車賃だけを持っての旅だった。今よりも交通の便は相当に悪かっただろうと思うが、寝袋で何泊もした。旅が終わる頃には体調の回復、体力と強い精神力に自信を持てた。無事貫徹したことをもって、腎臓病治癒の自信がついた。この四国一周旅行以降、再び社会運動に加わる準備が整った。

一九七二年、大学三年の一一月から一二月にかけて全学バリケードストライキが闘われた。大学当局が発表したスライド制の授業料値上げとそれまでもあった裏口入学を制度化したような入学金を積み増せば入学試験の成績にゲタを履かせる制度の恒久化に全学学生の多くが怒っていた。一一月には全学学生の過半数が参加した全学学生大会を開催し、無期限全学バリケードストライキを決行した。自治会の形だけのストライキと、全共闘（「ストライキ実行委員会」と名乗っていた）による大学の本館に当たる一号館のバリケード封鎖が闘われた。一一月二二日から約一か月にわたりバリストは貫徹された。大学側が裏口入学制度の恒久制度化を中止することと奨学金の創設を約束するなどの譲歩によって一二月一八日に自治会はバリスト解除を決定、スト実は「学生大会で決定したものを自治会だけの決定で中止するのはおかしい。大学提案は一定の成果だが値上げを止めるわけではないから欺瞞的だ」と妥協を拒否しバリストを継続した。自治会は体育会系学生を寄せ集めて学内集会を開催し、バリスト解除への合意をとりつけたが、全学学生に周知した学生大会を開催したわけではなかった。間もなく、大学当局が機動隊の導入を要請したのと同時にスト実もバリケードを自主解除した。この頃では機動隊との「バリケード戦」に勝ち目はなかった。スト実のバリケードは、ストライキ破りを企む右翼体育会系学生と対決するのが主な目的だという面があった。その後、翌七三年一月三一日から二月二日には大学当局のロックアウトが行われて入試が行なわれた。大学当局の説明では全共闘対策だということだった。（学園法人発行『甲南学園の一〇〇年』二〇二〇年発行）

腎炎が治ったのは夏休み前だった。それまで身体の病気が原因で身体を使う運動を禁じられていたことによって随分悔しい思いをした分、腎炎回復後には積極的に社会運動に参加していった。一一月のバリケードストライキでは武器こそとらなかったが、スト実がバリケード防衛のために開催していた二〜三〇人の学内集会に毎回のように参加し、ストライキの成功のために学友をオルグするなどの学内活動とともに、スト実メンバーも参加していた「べ平連こうべ」の街頭集会にも積極的に参加していった。「参加（アンガージュマン）」の思想の実践として、僕は徐々に社会的不正とたち向う主体へと自らを飛躍させていった。それは映画『明日に向って撃て』で感じたあの自己解放感の前面化であり、主体的自覚的なとらえかえしでもあった。

この一一月のストライキ中に僕の所属していた社会心理学ゼミの担当教授がスト破りを画策して系列の女子短大で開催を強行した専門学会にゼミ学生を動員しようとしたことで、僕はゼミ生たちにスト破りを止めるように説得した。そのことを理由にして、教授は僕をゼミから追放してしまい危うく卒業できなくなるところだった。ゼミで卒業論文を書かないと卒業できない制度だったからだ。文学部教授会でも議論になったらしく、幸いにも、この処分を不当だと主張した別の哲学ゼミの教授が拾ってくれたので、なんとか卒業することができた。結局ゼミ論文には実存主義とサルトルのことを書いたが卒業論文は書いていない。

べ平連とアンガージュマン（参加）の思想

一九七二年にバリケードストライキが闘われた頃は、東大闘争（一九六八～六九年）も、日大闘争（一九六八～六九年）のバリケード戦も敗北した後であり、すでに大学をバリケード封鎖することだけで展望が開ける時代ではなくなっていた。機動隊という暴力装置の前に学園バリケード戦が次々に敗北していたことは、七二年の夏休み後、僕には目の前の闘いの場を街頭に求めさせていた。一二月の機動隊導入時に、ストライキ実行委員会がバリケードを自主解除したことに何の異論もなかった。

一一月のストライキ以前に、夏休み以降は、神戸三ノ宮の市役所近くの「花時計」と言われた小さな公園で毎週行われていた「べ平連（ベトナムに平和を！　市民連合）こうべ」の集会に参加するようになった。事務所にも挨拶に行って集会案内を送ってもらっていた。「べ平連こうべ」には中核派（革命的共産主義者同盟全国委員会・マルクス主義学生同盟中核派。白いヘルメットをかぶっていた）とブント（共産主義者同盟。赤いヘルメットをかぶっていた）とノンセクト・ラディカル（無党派の新左翼。黒色のヘルメットをかぶっていた）がいた。僕は初期にはヘルメットはかぶっていなかった。べ平連こうべにはノンヘルの人も多くいた。

高校時代に始まり、大学時代まで続く僕の自己解放闘争のただなかで、七二年に腎炎が治ってからは風呂にも家族と同じように入ったし、臭いもしなかったろうから、精神病症状は前景には出ていなかったのだろうが、後景には存在していたかもしれない。友達付き合いが極端に狭い「変な奴」ではあり続けていた。症状が後景に退くことが「精神病」の「寛解」なのかもしれない。「精神病」は「完治」することがなくても、後景に存在しているだけならば許容することができる。僕は今に至るも相当な「変人」ではあるのだろう。後に精神病症状を再発することになるが、それはもっとあとのことである。

機動隊員はデモ隊員の頭部を狙って警棒やジュラルミン製の大盾を振り下ろしたりするので、デモ隊は自己防衛でヘルメットをかぶるようになっていた。やがてそれが党派の自己アピールになって、さまざまな色やマークで独自色を出していた。べ平連にはヘルメットをかぶらない人が多くいた。べ平連こうべでは黒色のヘルメット（ノンセクト・ラディカル）の人も多かった。僕も初期にはヘルメットをかぶっていなかったが、大阪で行われた関西新空港反対のデモで、黒ヘル部隊の後についていたヘルメットなしの人たちの中にいた僕は、機動隊にしたたかに顔面を殴られ前歯を折られてから黒いヘルメットをかぶるようになった。ヘルメットをかぶると気が大きくなってきて、その「武装」した感じで何となく強くなったような気になったのは、今から思えば滑稽な気もする。

べ平連やノンセクト・ラディカルの自由な気風は僕には合っていた。べ平連（「ベトナムに平和を！市民連合」一九六六年〜一九七三年）というのは、作家の小田実らが呼びかけたもので、特定党派に入っていない一般市民が自由に参加できるデモの形態だった。「ベトナム戦争に反対する」というそれ以上何も問わない、政治組織とも言えない自由な運動体だった。各地のべ平連は必ずしも小田らのグループとは繋がりがあった訳ではない。後に聞いたところでは、べ平連こうべには一癖も二癖もある人たちが結構多かったそうだ。僕は集会やデモに行く時に一緒になるだけで、個人的な付き合いはしていなかった。今でもそうだが僕は人と話をするのが極端に苦手なので、このくらいの緩さが丁度居心地良い距離感だった。

ベ平連こうべの事務所を訪ねてニースを送ってもらっていたが、封筒の裏書にはベ平連とは書いてない郵便だった。裏書を個人名にしようかと言われたが、断ったので、適当な団体名が書いてあった。個人名を断ったのは、後ろめたいことをしているわけではないという思いからだった。「参加（アンガージュマン）」を表現したい思いで、毎週のようにあったデモに出かけていた。この頃、警察に尾行されたらしく、公安警察にマークされるようになった。ひょっとしたら、高校時代に既に教師たちから警察に売られていたのかもしれない。当時の僕の思想は、サルトルかぶれの実存主義者で、マルクス主義者ではなかった。

ベ平連時代に僕がマルクス主義諸党派と距離を置いていたのは、マルクス主義がソ連のような歪んだ社会を生んだという思いがあったからだ。この頃には『イワン・デニーソヴィチの一日』（アレクサンドル・ソルジェニーツィン著。主人公であるイワン・デニーソヴィチ・シューホフのラーゲリ（政治犯収容所）における一日を、克明に淡々と描いた作品）を読んでいたから、ソ連では革命家達を政治犯として精神病院や強制収容所に送り込んでいるという事実を知っていた。一九二四年のレーニン死去から一九五三年三月に死ぬまでソ連の閣僚会議議長、軍事大臣、ロシア共産党中央委員会書記長などの要職を兼任し、最高指導者の地位にあったヨゼフ・スターリンが、数千万人の革命家や農民を反革命政治犯として処刑していたという事実を知ったのはもっと後のことになる。僕はゲバラやカストロのキューバ革命の「自由か、しからずんば死」というスローガンが好きだった。僕の求めていたのは自由であって、精神病院や強制収容所ではない。

一九五六年、小さなプレジャーボートの「グランマ」号でキューバに上陸してから、シェラマエストラ山脈にこもって闘ったカストロやゲバラたち。一九五九年のキューバ解放後、全アメリカの解放のためにボリビアに赴いたゲバラたちが僕は好きだった。革命のために若くして死んだゲバラも革命を延命させるために生き抜いたカストロも「自由か、しからずんば死」というスローガン通りに人生を全うした。ともに戦った無名の多くの革命家達の中には日系二世たちがいたことは知られている。僕にとって「自由」すなわち「人間の解放」を終生のテーマとしたことは、後に精神病を再発した時も幸運に働いた。

一九七三年初めごろから、次第にべ平連には限界を感じるようになっていた。デモをするだけで社会を変えられるのかという思いが浮かんでいた。明治維新を鎮圧しようとした「新撰組」を気取る機動隊は、社会変革を圧殺するために暴力の限りをつくしていた。機動隊のなかには、大盾に新撰組の象徴である「誠」の文字を大書きにしている部隊もあった。全共闘の実力闘争はその圧政を超えるかに見えたが、このころには機動隊の暴力で圧殺されていた。武装闘争を闘った赤軍派は一時的に展望を見せたが、陰惨なリンチ殺人で展望を失わせた。どうすればこの限界を突破できるのか、すぐには答えが見つからないままさすらうほかなかった。

反戦青年委員会と党派の指導部

一九六七年から一九七一年の一一月にかけて激しい街頭実力闘争が闘われていた。日米安保体制反対と沖縄の米軍基地撤去・核抜き本土並み返還を目指して、街頭にバリケードを築き首相官邸占拠や防衛庁突入、首都解放区を目指した数万人の労働者・学生の闘いだった。闘争の目標である日米安保体制は揺るがなかったが、継続する闘いは一定の社会的展望を見せていた。その闘いは、今日思われるよりも幅広い多くの民衆の支持を受けていた。

一九六九年一月、東大「安田砦」攻防戦から機動隊導入前夜に逃げ出して「暁の大逃亡」「敵前逃亡」と新左翼各派から非難を浴び、機動隊から逃げまどっていた右翼日和見主義党派だった革命的共産主義者同盟・マルクス主義学生同盟革命的マルクス主義派（革マル派）が、一九七一年頃から、六九年、七一年の一一月闘争などを闘った戦闘的な党派の活動家を襲撃するという事件が多くなっていた。襲撃されたのは主に革命的共産主義者同盟全国委員会・マルクス主義学生同盟中核派、日本社会党・社会主義青年同盟解放派（革命的労働者協会）で、共産主義者同盟（ブント）の活動家も襲われたことがある。この問題をどう考えるかは当時の左派にとって大きな問題だった。一部の大学や労働組合が革マル派の支配下にあった。その一つである早稲田大学では革マル派がノンセクト・ラディカルの学生・川口大三郎さんをリンチで殺害したことから、「WAC」（「早稲田解放戦線」の略だったろうか）という大衆組織によって反革マル派の早稲田大学解放闘争が闘われていた。

その後、一九七三年、僕は大阪で開かれた四・一九「入管法・入管体制反対集会」に参加したのを契機に初めて政治党派と接触した。僕はこの間には自由主義を捨てたわけではなく、自由を求めるにも一定の組織が必要だと考えていた。「入管闘争」というのは、在日外国人差別に対する闘いだ。入管収容所（出入国管理局の収容施設）という人権の及ばない強制収容所が日本に存在していることに対する素朴な怒りが、僕が左派の闘争にかかわることになったそもそもの発端だった。

少し説明が必要だが、僕の中学時代の親友が朝鮮渡来人の子孫で、苗字が朝鮮系の名前だったことから朝鮮人差別を受けていたことが、僕が中学生から社会問題に関心と怒りを持った大きなきっかけだった。

この入管収容所は今でも存在している。スリランカ人女性ウィシュマ・サンダマリさんが殺された名古屋出入国管理事務局の収容施設のことは、よく知られている。他人の犠牲の上での「自由」は偽物の自由だ。しかし、この党派との出会いが精神病再発の第一歩となった。

一九七三年当時、狭山差別裁判に対する闘いも盛んに闘われていた。石川一雄さんという無実の被差別部落青年が、被差別部落への差別によって誘拐殺人犯にでっち上げられた事件だ。また沖縄米軍基地反対闘争も盛んだった。一九七二年五月一五日のペテン的沖縄「返還」を許さず、基地のない沖縄を求める闘いだった。基地撤去を求める沖縄県民の願いは、アメリカ軍政下から日本の主権下に「返還」されても実現されなかった。しかし、僕はそれまでの生活の中で狭山差別裁判は全く知らなかったし、沖縄返還問題も詳しくは知らなかった。無知ゆえの差別への加担だった。多くの「健常者」による精神障害者差別への加担と同じことで、社会で起きていることなのに直接には自分の生活にかかわらないから知らないという「無知・無関心」による差別だった。

当時、沖縄返還闘争や狭山差別裁判糾弾闘争を教えてくれたのは「兵庫県反戦青年委員会」のAだった。彼の熱弁は人を引き付けるものがあった。しかし、後には彼が酷い官僚主義者である実態を知ることとなるのだが。

一カ月ぐらいの討論の後で初めて、五月一五日に東京で開かれた沖縄奪還・全国総決起集会に行った。この時に初めて僕に公安警察の尾行が付いているのを発見した。ただのベ平連活動家にまで公安は監視の目を光らせていたことが分かった。「社会の毛穴を塞ぐ」というのが公安警察の仕事だと言われている。いまでも党派と関係のない精神障害者の一般活動家まで監視の対象になっている。

この兵庫県反戦青年委員会の指導的党派には、後に日本の障害者運動のリーダー的な運動家となった楠敏雄さんが一時期所属していたことで、関西「障害者」解放委員会や関東「障害者」解放委員会、精神障害者集団「虹の会」などの障害者の活動家も多くいる障害者問題での先進的な党派だと評価されていると聞かされた。楠さんは、一九四四年生まれの視覚障害者で七〇年安保闘争に参加し七一年に関西「障害者」解放委員会を結成、一九七二年に関西「障害者」解放委員会は分裂、楠さんは同派を脱退し、一九七六年には全国障害者運動連絡会議（全障連）議長となり、二〇一二年ＤＰＩ（障害者インターナショナル）日本会議副議長となり、二〇一四年六九歳で病気のために亡くなった。後に僕は晩年の楠さんと親しくさせていただいていた。

ところが、その後僕が所属した大衆組織である「Ｂ地区反戦青年委員会」を「指導」していた党派のリーダーＣという人物が最悪だった。Ｃは大学時代には体育会系の剣道部の部長をしていて、権力志向が強く、全共闘的な自由主義者のメンバーと激しく対立し、裏で陰湿ないじめを行なっていた。そのため僕の前にメンバーの一人が精神病症状を発症させられて、精神安定剤を服用するようになった後、組織を脱退していた。彼の脱退後、Ｃは僕に残されていた薬を見せつけて「あいつは気が狂ったんだ」と言ったことを覚えている。右翼的差別主義と権威主義的圧迫を加えてくる奴だった。自由を求める人は敵だと思っているような許し難い奴だった。さまざまないじめに遭い、人間としての尊厳を否定されたように感じる中で、また、そういう奴を打倒しきれないというジレンマの中で、僕も精神病症状を再発した。上部組織の「兵庫県反戦青年委員会」はそうしたことを追認していた。僕は「Cが悪い」と思っていたが、一九七五年に同派の党書記長が革マル派に殺害された後では、全国組織の最高幹部は上から下に下令するが、下から上への意見は疎通させないという酷い官僚主義が蔓延した。「鯛は頭から腐る」の言葉通りだ。僕たちは二度と「幹部が偉い」という組織を作ってはならない。

そのCはやがて組織にいても旨味がないと知ると、さっさと運動をやめてしまった。「専従活動家が自分にはできないような贅沢をしている」というのがCがやめた直接の理由だったそうだが、革命組織にも「立身出世」という本質的には資本主義の論理であることを望む者が紛れ込んでいた。同志を蹴落とすことしか考えない「立身出世」主義はコミュニズムとはまったく相容れない考え方だが、組織を作ると出世主義者が潜り込むという実例だ。この党派には組織の上部から始まって中間「指導部」に至るまで、利権にありつくために「立身出世」を望む者がいたのだ。まじめな革命家は割を食い離反することになる。僕も、まじめに革命を目指していた数多くの活動家が、組織の官僚主義的硬直性と腐敗に絶望して組織をやめていくのを何度も見て来て残念に思っている。新しい「組織」を作る上では僕たちも充分に気を付けないといけない。

僕はこの時期のこの政治党派はある種の「カルト」だと思う。宗教の宗派が党派になったようにメンバーは自分の頭で自発的に考えることをやめてしまっていた。大衆組織であるB地区反戦青年委員会は、特定党派が「指導」という名の支配権を握っていた。このCも上部組織の承認のもとに取りまきに囲まれて、上部組織に与えられた組織内の権力を思うがままに行使していた。程度の差はあれ、どんな組織にもこのような小官僚はいるものだ。

この党派が、「上意下達」はあっても「下意上達」はない硬直的な官僚組織になっている中で、問題は腐敗を腐敗とも思わない上部組織であったし、それを承認してしまう下部活動家が多くなったことだ。上部は自分を守るためにそうするし、下部もその方が楽だから「命令には従うが自発的に考えない人」になっていった。僕はこのような党派の大衆組織のなかにいて「Cを指導部として承認せよというならば党員にはならない」と言い続けていた。楽ではないけれど最低限の自己防衛だった。

この腐敗した体制が打倒されたのは二〇〇六年三月の闘いを待たねばならなかった。この時、腐敗を極め権力の横暴の限りを尽くしていたこの党派の関西地方委員会議長とその一味が実力で打倒・排除された。この関西のメンバーの闘いは全国に波及するかに思われたが、翌二〇〇七年には党派の中央権力はこの動きを「反革命だ」と規定し全国に波及することを暴力的に抑え込み、党派全体の改革としては部分的なものに止まった。

一九七〇年代から、新左翼諸党派の指導的理論として「レーニン主義的非公然＝非合法革命党建設」というものがあった。「ロシア革命を実現できたのはツアーリの政治警察に対抗するレーニンが組織した『中央集権的民主集中制』のボリシェヴィキ（ロシア社会民主党多数派）だけだった」という神話から導き出された理屈だ。組織のトップが政治方針を考え、下部はそれを忠実に模倣するという、トップは間違わないという虚妄に基づいた空理空論だ。その党派が実際に対国家のゲリラ戦を闘い、自民党本部を炎上させるなど政治警察に対決しえていた間だけ「正しい理論だ」と錯覚されていた。これが理論の落とし穴だった。この「理論」は「命令に従うが自発的に考えない人」を大量に造り出した。この「理論」の嘘は一九一七年一〇月のロシア革命を実現したのはボリシェヴィキ単独政権だという大嘘から始まっている。ロシア一〇月革命を実現できたのは農民に支持基盤を持っていたエス・エル左派（後に「左翼エス・エル」）の力が大きかったことを隠蔽し歴史を偽造したスターリンの大嘘から始まっている。前提が嘘なのだ。

僕が勤めた郵便配達と労働組合

二〇代の半ばで僕は「精神病」の症状を再発していたが、働くことは出来ていた。働いている精神障害者は実際に多くいるから何も不思議なことではない。このころは精神科医にはかかっていなかったので「精神病者」のラベルは付いていなかった。大学卒業後、二、三の勤め先を変えた後、一九七七年、二六歳で郵便局に勤めた。以前よりましとはいえ精神病が再発してからは人よりは風呂にあまり入らないし、洗濯しても汚い服を着ていたから、「汚い、臭い」と言われて差別視されていた。当時は珍しかった大学卒で郵便配達という仕事は、中卒・高卒が普通だった中で「おかしな奴だ」と思われる理由となった。働いている精神障害者は多かれ少なかれ差別にさらされている。

「病気」であっても身体はよく動いたので、郵便配達の仕事は他の人よりも素早くできていた。その分、文句を言われることも少なかった。たぶん、細かなところでは無茶なことをしていたので、今にして思えばずいぶん周りに迷惑をかけることもあっただろうが、当時の僕は気にもしていなかった。「汚い、臭い」だけでは自分が「病気」だとは思わない。自分の部屋に一人でいる時に奇声を上げることもあった。自分が変だという感覚は少しはあったと思う。僕には精神障害者に対する偏見は無かったけれど、精神科病院が酷いところだという認識は持っていた。奇声を上げるくらいの事があったとしても、自ら精神科病院に行きたいとは思わなかった。

先に述べたように一九七〇年頃に、「朝日新聞」に精神科病院に新聞記者大熊一夫が潜入したルポルタージュ（『ルポ精神病棟』）が掲載された。その惨憺たるありさまは、当時、精神科病院に入院体験を持った人の方がよく知っているだろう。おおよそ「病院」とか「治療」とかいう環境ではなく、家畜の収容所と言った方が良いものだった。一九六〇年に「精神病院は牧畜業者だ」と非難したのは当時の日本医師会の武見太郎会長である。このルポルタージュによって精神科病院の入院患者の悲惨な実態が広く知られるようになった。僕もそれを読んでいたから「精神科病院には行きたくない」という感覚を強く持っていた。

一九七九年、二九歳で、郵便局の労働組合である「全逓信労働組合」の分会青年部長（支部青年部副部長を兼任）に選任された。変わり者の精神障害者が何故かと思うかもしれない。前任の青年部長から「君は闘争に向いている」と言われ指名された。この前の年（一九七八年）から全国的に年賀状配達を止めた「郵政反マル生越年闘争」という大規模なサボタージュ闘争があった。郵政当局の組合いじめに対する止むに止まれぬ抵抗闘争だった。僕がその中で頑張った事を評価したと彼は言った。実際には、越年闘争に対して青年部の現場活動家を狙い撃ちで五八人の首切りを含む八、一八三人の大量不利益処分が下されていたから、青年部長職のなり手が無かったのではないかと思っている。信任投票で分会青年部長に選ばれた。

支部青年部副部長に選ばれてからは、僕はなぜかけっこうリーダーシップを発揮して、支部青年部を戦闘的に引っ張っていた。当時の支部は四つの郵便局の分会からなり、その中でも支部青年部長だった民青の活動家より僕の方が目立っていたからか、僕が支部青年部長だと思っていた活動家たちが多かったと後で聞いた。僕自身が後に職業病で活動不能になるまで、当時盛んだった狭山闘争や三里塚闘争にも青年部をリードして参加していった。

三里塚闘争は、一九六六年、現・新東京国際空港（成田空港）の建設計画が地元住民の頭越しに突然閣議で決定。地元住民は新聞を見て初めてそれを知った。「寝耳に水だ」「空港は農民の生命である農地を奪うもの」との素朴な農民感情を惹起。これが闘争の端緒となり、空港建設に反発する地元住民らが社会党、共産党の革新政党指導の下で「三里塚芝山連合空港反対同盟」を結成して反対運動が始まった。一九六七年一〇月から翌六八年に機動隊が導入されて闘争が実力闘争に発展する中で、革新政党は徐々に手を引いていき、新左翼諸党派が支援勢力の主流になっていった。僕が青年部長だった一九七九年当時は、新左翼の中でも主導権争いが激しくなっていた。一九七八年に一期工区完成によって暫定空港開港が強行されており、党派による実力的な闘争が激しく闘われていた時期でもあり、社会的関心も闘争への大衆的な参加も多かった時代だ。一九七八年三月二六日、第四インターナショナル、共産主義者同盟（戦旗日向派）、共産主義労働党による空港管制塔占拠闘争が行なわれ、革命的共産主義者同盟（中核派）は激しいゲリラ闘争や大衆的実力闘争を行っていた。郵政職場でも狭山や三里塚の闘いを陰に陽に支持する人たちは少なくなかった。

バイク振動病とうつ状態とのダブルパンチ

この頃に同僚の一人から彼が通っている精神科クリニックに誘われた。神戸の有名なクリニックだから一度診てもらってはどうかと言うのだ。その医者は定型文のような質問をいくつかした後「精神病ではない。人格障害だ」と診断を下し、再診に来るように言った。僕は初対面の人から「人格に問題がある」と言われたことを不快に感じたし、「治療できない『人格障害』なら行っても意味ない」と思い、二度と行かなかった。「人格障害」は周囲との関係の中で浮き上がる性格傾向のようなもので、医者が薬で「治療する」方法はない。

「反社会的人格障害」というものならば反体制活動家なら誰でも当てはまる。この本では自分のことを精神病症状だったと書いてきたが、初めて診断された精神科医からのラベリングは「人格障害」だったのだ。精神科的ラベリングのいい加減さを示すものだ。

一方で、一九七九年頃から職業病であるバイク振動病と頸腕・腰痛症を発症し、徐々に「うつ状態」にまで悪化していった。「うつ状態」が元々の病気の悪化なのか新たな病気なのかは断言できないが、元々うつ病的なところはなかったから新しい病気に罹ったのだと思う。症状はまったく新たなものだった。それまでにはまったく無かった不眠症とうつ症状に襲われた。不眠症もうつ症状も頚腕・腰痛症の重度化した典型的な症状だ。頚腕・腰痛症が重度化すると誰にでも現れる。僕の場合、最初はバイク振動病の腰痛症で痛くて丸々一晩眠れないという日が続いたことから、不眠症に襲われ慢性化していった。眠れぬままに腰に湿布を貼って仕事に行っていた。やがて不眠症が中心症状のうつ状態を罹病していった。仕事に差し障る症状だった。

当時の僕は腰痛症がバイク振動病であるという知識がなく、原因が分かっていなかった。世間の人も職場の人にもそんな知識はなかった。ある日、バイクのナンバー・プレートを止めているネジの周りがギザギザに削れてプレートが外れてしまった。バイクの振動で金属が削れたのだと分かった。そんな例は他にはなかった。とりわけ振動の大きなバイクだったのだ。後になって、そのバイクに以前に乗っていて僕に譲ってくれた先輩が、「振動が大きいから気をつけろ」と言っていたことを思い出した。

それでバイク振動病だと確信して職業病対策を取った。まず振動の大きなヤマハ製の二サイクルのバイクは絶対に止めること。振動の小さなホンダ製の四サイクルのカブにするか、エンジンに直結した座席に座るカブ型バイクを止めて、ホンダのCD（商標）と言われるエンジンと座席の間にショック・アブソーバー（クッション）のあるタイプの貨物用バイクに替える対策をとった。後にはホンダ製のカブでも腰痛が激しくなり、CDか四輪車にしか乗れなくなった。

同時に勤務軽減の権利を行使した。バイクを替えるにも理由を言う必要があったからだ。当時は職業病対策として、勤務時間内の二時間の整形外科への通院と仕事内容の軽減が認められていた。僕はこの権利を行使した。僕よりも前に数人が勤務軽減措置をとっていた。しかし、それは別の種類の差別を受けることだった。職業病者差別というのが当時の職場には蔓延していたからだ。「（勤務軽減を取っている）あいつらとは口をきくな」というようなことが平気で言われていた。この差別は勤務軽減を取っていた数人の労働者に対して行われていた。当局と「マル生分子」（合理化に協力的な労働者で当局の手先になっていた）が陰に陽に扇動していた差別だった。精神障害者差別は「変な奴だ」と思われていただけだったので、あまんじて受けいれていたけれど、この職業病者差別の陰湿さは心身にこたえた。やがてこの差別といじめが原因のうつ状態に陥った。

なかでも僕が一番しんどかったうつ症状は出勤する時だった。一般的にも朝が苦手なうつ症状の患者は多い。そのうえ組合活動をしていた僕を辞めさせたい管理職らがいる、その職場に行かないといけない。管理職やその手先の「マル生」労働者らは陰湿なパワハラをしてくる。当時は「パワハラ」という言葉はなかったから当時の言葉で言えば「いじめ」だった。例えば、腰痛症や不眠症、うつ症状のしんどさから「休みたい」と職場に家から電話を入れると、集配課長や副課長が「電話を切ったら病休を承認しない。無断欠勤にする」と言った後で、三〇分くらい「電話できるくらいならたいしたことはない。今から出勤しろ」というようなことを言い続けるのだ。身体が重たく感じられてより動きにくくなる。そういう職場に行かないといけないので、うつ症状は悪化の一途を辿った。

職場では、管理職から「脳波を計って来い」という差別的発言があったことも珍しくなかったが、同じ様な差別発言が繰り返されていた。

このようないじめが平然と行なわれていたのは、実際には職業病にかかっていたのに、勤務軽減措置を取っていなかった人たちが多かったからだ。実際は勤務軽減措置を受けていた数人にとどまらず、たくさんの労働者が大なり小なり何らかの頚腕・腰痛症の身体的な異常を感じていた。その人たちがみんな「自分も職業病だ。勤務軽減措置を取りたい」と言い出さないようにするため、業務効率の悪化を恐れた当局と「マル生分子」が結託した策謀だった。実際には職業病だが、そのようには自認することを拒んでいた人たちこそが、率先して差別に加担することで当局や「マル生分子」から目を付けられるのを免れたいという心理状態に追い込まれていた。そういう心理状態の人たちは多かったから、差別は苛烈さを増していた。そして、差別に耐えきれず勤務軽減を取るのを止めた労働者がいて、彼が率先して差別の先頭に立つという倒錯した実に惨めな光景さえも見られた。

当時、管理職の一人だったある集配課長代理が「自分はあんないじめに加わりたくないから」と僕に告げ、他の管理職に抗議して退職するという出来事もあった。まともな神経の持ち主ならば差別する側も耐えられない程の陰惨ないじめだった。

郵政当局の「生産性向上」運動

二〇二〇年ごろ話題になっていたかんぽ生命保険株式会社によって行われた簡易保険の巨額不正販売事件と「業績」の悪い人をさらし者にするパワハラ事件については、これこそ「郵政マル生」(生産性向上運動)の行きついた先だということだ。「郵政マル生」というのは「郵政生産性向上運動」の略称だ。郵政当局の書類にマルの中に生の字(生産性向上の略)のゴム判が押されていたからこう呼ばれていた。職場で労働組合活動家や病気の者などを「非生産的」と見なして徹底的に攻撃をする訳だ。その対象は労働組合活動家であり職場の職業病者だった。職場では、僕が腰痛で腰をかがめていると、管理職やその手先の労働者が「ふりをするな」などと揶揄したり、腰痛のために湿布を貼っていると「臭い」と文句を言ったりするのだ。郵便配達のバイクを振動の少ないものに替えて欲しいと言っても、からかいの対象にするだけで真面目に対応しないなど、職場で仕事上でも考えられるありとあらゆる場面で、本来の意味で「生産性を向上させる」こととは何の関係もないいじめと嫌がらせを管理職などが強行していたのだ。人を人とも思わない思想はこの頃すでに職場の末端まで浸透し始めていた。

同僚たちは管理職によるパワハラを笑って傍観しているだけならともかく、積極的に差別に加担するという酷い職場になっていた。もちろん僕たち職業病者に同情的な労働者もいたが、それを表立っては言いだせない雰囲気だった。職業病者をかばったが最後、次にいじめられるのは自分だと分かっているからだ。職場を改善しようにも、労働組合の幹部は精神障害者への差別感情を持っている。当時の組合中央は一九七八年の反マル生闘争を敗北と総括していたから「郵政マル生」に反対するどころか、当局と「マル生分子」による職業病者差別に対してさえも傍観、容認していた。組合上部は力にはなってくれなかった。闘わずに郵便局を辞めてしまえば「屈服した」という烙印を自ら押してしまうことになる。結局、個人で闘う以外にないが、うつ症状を発病していては、そんなエネルギーは湧いてこない。辛く苦しい闘いだった。さらに、同僚が職場でいじめに加担していたことは、肉体的にはもちろんのこと心理的にもしんどかった。結局、心身ともにしんどくなって休んでしまう。不眠症は連続して七二時間眠れないという日が断続的に続くほどのものになっていったので、気力も体力も尽きてきてよく休むようになった。

最初の頃は精神科にはかからないで、職業病を診てもらっていた社会党・社会主義青年同盟・社会主義協会派が経営する労働者医療生協の内科兼整形科医で一九七九年から八五年までの長い期間、診てもらっていた。とうとうその内科医が「これ以上うちに来ても打つ手がない」と匙を投げたので、八五年に兵庫県立D病院の精神科に移った。この病院は総合病院の中に精神科があり、精神科独自の入院病棟が無かったため、多くの精神障害者が経験する悲惨な入院体験をせずにすんだ。

長期病気休職に追い込まれて

僕は二回長期病気休職をしているのだが、最初の病気休職について書いておく。この時の病気休職は一九八一年から八四年まで結局四年弱の長期間になった。休んだ理由は、不眠症から昼夜逆転生活になってしまったからだ。精神病で昼夜逆転生活になる人はたくさんいるので珍しい症状ではない。先に連続七二時間眠れぬ日が続いたと書いたが、この長期休職中までそれが続いた。労働者生協診療所の整形・内科医から薬をもらっていたが、薬は一向に効かず、少しは改善したかもしれないというくらいだった。「日にち薬」という言い方があるが、時間の経過とともに人間の自己修復力が働くことがある。僕の場合も、四年近く休むうちに、仕事からくる頚腕・腰痛症症状が少し改善したので一九八四年に復職した。四年近くの長期休職のうちにはある程度は夜寝ることができるようになり、無事、職場復帰した。

復帰時に勤務軽減措置が使えず、一〇割勤務（八時間労働）でないといけないところがきつかったけれど、仕事内容は五割程度の軽減を受けることができた。この時の長期休職の後は当局が労使協調に傾いており、管理職は労働者や労働組合と対立的になりたくなかったということが幸いしたのかもしれない。

復職しても不眠症の症状は完治しておらず断続的に続いていた。だましだまし、体調を整えるように努力し、単発的に病休を取りつつ一年以上働いた。二年目の年賀状配達の時期を迎える前に、それまでは五割に軽減されていた仕事内容をいきなり倍の一〇割にするよう求められて、遂に潰れてしまった。年賀状配達という一年で一番仕事がきつい時期の前に、やむをえず一週間の病気休暇を取って体調を整えようとした。

ところが当局は、断続的に取っていた病気休暇が合計すると三〇日になるからという理由付けで「休職せよ」と冷酷な職務命令を発出し、再び病気休職することになってしまった。休職になると一〇割勤務でないと復職できなくなる。できるだけ避けたかったのだが、「行政処分（分限処分）」として休職を命じられたのだ。当時の労働協約では、三〇日連続で病気休暇を取ると休職命令を発令されることになっていた。断続的な病休は含まれないはずなので、労働組合に相談したが、支部長の反応は「そういうこともあるんじゃない」という実に冷淡でいい加減な対応だった。これが労働組合の支部長の言うことかとあきれ、それ以上労働組合的な対抗をすることは諦めた。

労働者医療生協診療所には一九七九年から八五年まで通い、八五年に県立D病院に移った。替わった時には復職して働いていた。兵庫県立D病院の精神科医は、僕を診察して不眠症（頸腕腰痛症から来ていた不眠症）を薬漬けで眠らせて出勤させようと、力技で働かせようとした。しかしこの医者は自らの「名誉」の方が患者の行方よりも重要という輩だった。この病院で初めて「統合失調症」だと診断された。しかし「統合失調症」だと知られたら首を斬られる場合が多いからと当局には「うつ状態」の診断書だけを出していた。医師の価値観も影響したのだろうが、働かすことが第一という医師だった。この医師は、僕の症状は「統合失調症」からくる不眠症だと思っていて、薬でノックアウトする感じのきつい睡眠剤をたくさん処方していた。結局、余計に朝起きにくくなるだけで不眠症は一向に改善しなかった。後に主治医をかえたときに「矛盾する薬がたくさん出ている」と言われた。

僕の不眠症が頸腕・腰痛症が原因だということは、後々、血流をよくするのによく効く漢方薬に出会い、頸腕・腰痛症が軽快すると同時に、不眠症が実に劇的に改善してはっきりしたのだった。それは大分後のこと。頸腕・腰痛症から不眠症やうつ状態が来ているというとらえ方は県立D病院の精神科医にはなかった。二度目の休職のきっかけになった病気休暇の時、うつ症状と不眠症が酷いので、僕が「一週間職場を休みたい」と言うと、その医師は診断書を書くのを拒否した。僕の言うことが自分の「思想」と相いれないからだった。それでもお願いする形で何とか書いてもらった。第二次休職は八七年からだが、八九年にはそれまでお願いしてなんとか診てもらっていた県立D病院の医師から遂に「働かず職場を休みたいならもうここへ来るな」と言い放たれて完全に病気休職の診断書を書くことを拒否された。僕は医者から首を切られた訳だ。県立D病院は総合病院の中に精神科があることが、単科精神病院への強制入院を避けられる面があるから良かったが、精神科の医師がだめだった。診断書を提出しないとその時点で「無断欠勤」となり解雇となる。困り果てているところに幸いにも知人の紹介で今の主治医に出会うことができた。この主治医はよく話を聞いてくれるとても良い医師だった。精神科医にもこんな人格者がいるのかという思いだった。すぐに医師を替えて大阪府高槻市にある今の主治医のクリニックへ、片道一時間二〇分以上かけて通うようになった。

結局、二度目の病気休職は一九九一年まで四年間の長い休職になった。

当時、僕には「汚い、臭い」だけでなく大声で奇声を上げて喚《わめ》くという症状もあった。しかし、一人で道を歩いていたり自宅などに一人でいる時だったので、精神科医にはそのことを言わず、強制入院されることを免れていた。精神科医にかかったのは最初の症状が出てからだいぶ後のことだったので地域で暮らせると主張できたし、入院施設のある単科の精神科病院は避けていた。今なら、地域精神保健施策（保健所の活動の一つで、地域住民に協力させて、「精神的健康を損ないつつある」「損なっている」と見なした者を精神科医療に半強制的に繋げようとするもの）で網に引っかかるところだっただろう。その頃は近隣の人からは差別視されていてもそれが直接、強制入院には繋がらなかった。ある時には夜中にパンツと肌着シャツ姿で外に飛び出して大声で喚いていたということがあり、近隣からは「またお前か、いい加減にしとけ」という感じであしらわれ、即通報・入院とはならずに済んでいた。その時には近所に住んでいたD地区反戦青年委員会の友人が助けてくれたらしい。「らしい」というのは、その時の記憶がはっきりしない夢の中の出来事のような記憶だからだ。その友人は、後に一九九五年一・一七の阪神大震災の次の年にバイクで出勤途中、重過失運転の車を避けきれず事故死した。友人が過労だったことが災いしてとっさに避けることができなかったらしい。裏も表も知っている地域の友人だった。過労の原因は、党活動が労働者であることを考慮しない過重なものだったことだと、別の反戦青年委員会の友人が言っていた。

僕が精神科病院に強制入院にならなかったのは、最初は内科医にかかり、次は整形外科と内科を兼ねた医師に精神病薬をもらい、さらに、総合病院の中の精神科にかかっていたことが幸いした。

障害者差別の現実

二度目の休職は、四年間という長期休職になった。四年間の休職の間、病状は一進一退を繰り返していた。一九九一年、休職期限切れが迫って来て解雇になりそうだったので、実兄と共に職場に行き総務課の管理職と復職の相談をした。この時、総務課長は、復職するにあたって前回のような仕事内容の軽減を拒否し、勤務時間はもちろん仕事内容も一〇割でないと復職を認めないと通告した。しかし、僕の当時の体調では仕事内容を一〇割にした復職は困難だった。管理職の態度の変化は、明らかに二度と復職させないぞ、ということを意味していた。何とか復職の方法はないものかと相談したが、総務課長は頑なにゼロ回答だった。そして一九九一年にずるずると病気休職が四年になった時に、病気休職の期限切れを理由として首を切られた。僕にとっては初めての首切り体験だった。

首を切られてから、僕はただちに人事院公平委員会審理（公平審）に訴えて解雇の取消しを争った。この時は書類審査だけの「審尋審理」を選択した。僕は「当局は復職のための条件を検討することもなく、初めから解雇を目的にしていたのは精神障害者差別であり、不当な解雇だ」と解雇撤回を求めて争った。すると郵政当局は、争いが起こされるとは思っていなかったらしく、どうやら解雇要件が整っていなかったようだった。同年に当局は沈黙したまま、理由も何も告げないまま解雇取消しだけを通告してきた。

最初の解雇は解雇条件を整えていないものだったようだ。当時、郵便局員すなわち国家公務員を長期間休職しているというだけの理由で解雇できる法律・規則が存在しなかった。僕の場合、最初に四年弱、その後に四年間の長期休職をしたわけだが、規則に則《のっと》って休んでいた。何らの違法性も規則違反もない者を、それだけの理由では解雇できないのが当時の国家公務員法、人事院規則の定めだった（現在は法律・規則がどうなっているかは知らない。郵政民営化によって郵便局は民間企業になっていて労働協約が変わっている）。

後で分かったことだが、国家公務員法と人事院規則では郵政当局は、病気を理由に国家公務員を解雇したい時には専門の医師二人の診断をもって、共に「勤務に耐え得ない」という診断を下す条件を整える必要があった。僕の主治医は、病気休暇の診断書を出さないと無断欠勤になってしまうから、「療養の必要がある」という診断書を定期的に出していた。この診断書は、「もはや勤務には耐え得ない」という意味ではない。結局、郵政当局は解雇要件としてたった一人の医師の診断も得ていなかったから、不当解雇だと争われた時に郵政当局に勝ち目はなかった。だから僕が「この解雇は、精神障害者の雇用を守る気のない精神障害者を差別する考えに基づいている、精神障害者差別解雇だ」と不当解雇を争った時に、解雇を取り消さざるをえなかったのだ。

解雇できなくなった郵政当局は困り果てたのだろう。郵政当局は最初、自主退職してくれと言ってきた。僕の方では「復職の条件を整えることを検討もせずに辞めさせることだけを追及していたのは精神障害者に働く場を提供しないという差別だ」と主張していた訳だから、自主退職など問題外だった。許し難いことだがこの時点でも郵政当局は復職の条件を考えることなく、精神障害者を精神障害であるという理由で首を切ることだけを追及していたのだ。

そこで郵政当局は国家公務員法の条文の欠格条項の条文通り二人の専門医の診断を得ようと考えたのだろう。「この人は病気のために労働に耐え得ない」という診断を得る目的で、主治医以外の医師への受診を「お願い」してきた。

僕は「どこの医者にかかるかを当局が指定するのはおかしい」とこの「お願い」を拒否した。僕は精神科では医師の選択を誤ると、強制入院の怖れがあることからこの求めを聞き入れることはできなかった。国家公務員法・人事院規則には当該の人に対して当局が指定する専門医への受診を命じることができるという条文はない。ましてや「お願い」ならば拒否して当然だ。

「お願い」しても応じないとみるや、「業務上の命令」に切り替えて当局が指定する専門医への受診を命じた。しかし、主治医以外の医師への受診が強制入院につながる恐れは変わらなかったし、労働者が自分の首を切らせるために指定された専門医への受診を強制されることが「業務上の命令」というのはいかにも無理があり過ぎる。労働者にとって自分の首を切ることは「業務上の必要」ではない。郵政当局は無理を押し通して、この命令を二度発した。

そして一九九二年に法的にも条理からもでたらめな「業務命令に従わなかった」ことと、その業務命令が「専門医二人が労働できないという診断を下すためだったが、髙見が長期間休職していたことから推測して相対的欠格条項が適用できる」という屁理屈を付けて二度目の解雇を行なった。相対的欠格条項の解釈としてもでたらめ極まるあて推量だった。繰り返すが、僕の主治医は僕に労働能力がないとは言っていなかったし、僕も勤務内容の軽減を受ければ働ける状態だった。郵政当局にもそう申し出ていた。「労働に耐え得ない」ことはなかったのだ。

「精神障害者は国家公務員に向いていない」という相対的欠格条項は露骨な差別だ。後の解雇撤回闘争の時に調べたら、当時、四〇〇以上の法律に「欠格条項」があることが分かった。「欠格条項」には「絶対的欠格条項」というものもある。これは視覚、聴覚、発話などの機能障害、また精神障害などを持つ者は「雇ってはならない」または「資格を与えてはならない」と職業から排除するもので、最近は少なくなる方向にあると言われているが、なくなってはいない。「雇わないことができる」または「資格を与えないことができる」という曖昧さを持たせた相対的欠格条項は逆に増えていると言われている。

解雇撤回闘争

僕はこの二度目の解雇も精神障害者差別だと思ったのでただちに「人事院公平委員会審理（公

平審）」というところに訴え出た。最初は「審尋審理」という非公開の書類審理を希望していたのだが、僕が争っていることを聞きつけた東灘郵便局部落解放研究会の代表の北川敏雄さんから「支援するから公開審理で争ってくれないか」という申し出を受けた。それで傍聴者の入る公開審理で争うことにした。今まで誰にも言ったことがないが、これは僕が当時所属していたD地区反戦青年委員会を除名になる覚悟をして行ったことだった。D反戦は特定党派のキャップの指揮下にあった。その党派のキャップは、「三里塚闘争以外は大衆運動をしてはならない」という組織方針を頑なに信じていた。最初に解雇になりそうだった時、「解雇撤回闘争などもめ事はするな。おとなしく首を切られて退職金を党に貸せ」というのが、彼が僕に「命令した」方針だった。僕はこの時にもその方針には逆らって人事院審尋審理に訴えたが、逆らっていることを彼にも誰にも言わなかった。公然と大衆的な解雇撤回闘争をすれば、公然と党の方針に逆らうことになり、除名覚悟だった。

「自分の解雇撤回闘争を闘うことがなぜ『除名』の対象になるのか分からない」という当然の疑問を持つ人が多いだろう。確かにおかしなことだ。しかし、そのおかしなことがまかり通るのが「レーニン主義党組織論」と言われたものなのだ。D地区反戦青年委員会を指導していた党派は、レーニン主義を採用していた。

一九二四年にロシア革命を行ったレーニンが死んだ後、トロツキーらの左翼反対派を粛清したスターリンは、大勢のドイツ共産党員を自分の都合に合わないからと、文字通り処刑した。一九三〇年代、「レーニン主義党組織論」は絶対だった。一九三三年のナチス政権の成立でドイツでは共産党は禁止され、多数の党員が逮捕、処刑されたが逮捕を逃れてソ連に亡命した党員も多かった。ドイツのナチス党との協商を望んだスターリンは、一九三七年にナチスが嫌うドイツ共産党員を大量に処刑、粛清した。ソ連に亡命していたドイツ共産党員はナチスが嫌うというだけの理由で粛清された。実際にどう動いたかは知らないが、ソ連共産党員も、この粛清に反対すれば、自らが粛清されただろう。このような不条理を保証したのが、上意下達の一方通行の「レーニン主義党組織論」だった。

一九七〇年代以来の「D地区反戦青年委員会」のリーダーだったGは、党の方針であった「対国家権力の武装解放闘争とそれに役立つ三里塚闘争に全ての大衆の力を集中しなければならない」という闘争方針から、「三里塚闘争以外の大衆闘争をしてはならない」ということを組織の運動方針にしていた。僕の解雇撤回闘争は党の方針に反しているというのがGの考えだった。

当時、絶対に従わないといけないとされた「党の方針」に公然と反旗を翻すのは、「レーニン主義党組織論」からすれば除名の対象になって当然であった。

僕は解雇撤回を人事院に訴えるとともに、当時交流のあった地元の重度身体障害者の住田雅清さんにも頼んで『精神障害者差別によって分限免職にされた芦屋郵便局・髙見さんを支える会』という大衆的支援団体を立ち上げることができた（当時の僕が使っていたワープロに「髙」の字がなかったので「高」の字を使った。しかし、本書では「髙」で統一した）。「分限」というのは「身分」という意味で、国家公務員は法律で身分保障されているからその身分に関する処分という意味だ。病気などで「勤務に耐え得ない」という場合に使われる。これに対して、懲罰としての処分を「懲戒処分」と言い区別している。

紆余曲折を経て解雇撤回闘争は大衆闘争に入った。さすがに党派も「自分の解雇撤回闘争をしたから除名にした」というのでは組織内でも聞こえが悪かったのだろう。解雇撤回闘争が大衆運動になったら、担当者が入れ替わり、僕の解雇撤回闘争にも加わって来た。だが、D地区反戦青年委員会のリーダーGは終始、知らんぷりだった。Gは職業病闘争は「党の路線ではない」と無関心だったし、そもそも「勝手にやっていろ」という扱いだった。首を切られそうになったら「もめずにおとなしく首を切られろ。退職金が出るようにしろ」と言って、「退職金を党に貸してくれ」と巻き上げただけで何の力にもなってくれなかった。この退職金は後に、貯金が尽きたのでGに返してくれと言ったが返してくれなかった。

多分、Gの方針は党内では共有されていなかったのだろう。その後は、党もこの解雇撤回闘争の全国闘争化の力になってくれた。党派全体では、まじめな人が多かったから本気で力になってくれた人が多かったのが、ありがたかった。

「全国『精神病』者集団」との出会い

二度目の解雇撤回闘争は、はじめ「人事院公平委員会審理」（公平審）で争われた。この時から、東灘郵便局部落解放研究会代表の北川敏雄さんから全面的に支援を受けた。彼は郵政内にも外にも幅広い人脈を持っていた。人事院公平審は公開で開かれて、関西の郵便局部落解放研究会のグループと精神障害者集団「虹の会」の全面的な支援を受けた。全国的には「全逓四・二八連絡会」という七八越年闘争被解雇者を支える全国組織と関東「障害者」解放委員会などが全面的に支援してくれたので一気に全国的な広がりになった。「四・二八連絡会」というのは、全逓労組が組織方針で年賀状配達を止める大闘争を闘ったにも拘らず、郵政当局に屈服して被解雇者の処分撤回闘争を組織方針から降ろしてしまい、被解雇者を全逓から追い出したことで結成された被解雇者を中心とした共闘団体で、新左翼諸党派やノンセクト・ラディカルの活動家が超党派で集まっていた。僕が「全国『精神病』者集団」に入ったのもこの時だ。関西の精神障害者団体で僕も参加していた支援団体・「虹の会」が僕の解雇撤回闘争への支援を「全国『精神病』者集団」に持ち込んでくれず、「直接行って支援を依頼してくれ」というので、僕自身が行くことになった。ここで、ブントの優れた精神障害者活動家で理論家肌の香川悟さんとも出会い、彼が「資本主義の矛盾に精神病の原因がある」ことを書いた自費出版の本ももらった。

この人事院闘争から最高裁まで、大阪の労働弁護団のメンバーで枚方法律事務所の永嶋靖久さんが弁護を引き受けてくれた。僕のある意味で複雑な主張を理解して、法律の言葉に転換してくれたのは本当にありがたかった。

良いことばかりではなかった。僕の主張である、「八時間の労働時間に実質的に低い労働密度での復職を」という要求を受け入れ難いというのが多くの大衆的な障害者団体の意見だった。「高見さんを支える会」の代表になってくれた重度身体障害者の住田雅清さんや当時、関西障害者定期刊行物協会の代表だった楠敏雄さん、「全国『精神病』者集団」を除けば、兵庫県内の大手の障害者団体からは協力を拒否された。全障連で唯一の精神障害者活動家だと言われていた森君ははっきりと「絶対的欠格条項には反対だが相対的欠格条項は良い」と言い切った。僕の闘いは国際基準の障害者運動の実現を目指していたが、当時の日本の障害者運動の主流とは齟齬があったらしい。しかし、「高見さんを支える会」を多くの超党派の新左翼系の活動家などが支援してくれたので大きな闘いとなっていった。

人事院は行政当局が組織した機関だから、審理は当然にも負けたが、次の裁判闘争へ向けての予行演習になった。

一九九四年に裁判所に提訴した解雇撤回闘争の裁判の一審神戸地裁では、障害者差別による解雇という問題が正面から争われた。少し後のことになるが、僕が証言台に立つ日に、証言前にトイレに行っていると、当局側の弁護士がわざわざ横に来てトイレをするふりをしながら「汚い手は使わないから心配しないでいいよ」と言いに来たことがあった。その言葉通り、当局側の弁護士は正面から「障害者雇用率は満たしているから、その範囲内で一人を首切っても障害者差別ではない」という主張をした。全く間違った資本の論理そのものだが正々堂々とはしていた。僕たちは、国際連合の文書などを収集して、障害者雇用がいかに国際的に達成すべき基準であるのか、そのなかでも日本の障害者雇用がいかに国際的水準に比して立ち遅れているのか、国際的水準に日本も近づくべきであると立証していった。障害者を非違行為がないのに、ただ心身に障害があるということだけを理由として解雇した郵政当局の高見解雇は、障害者差別であり、国際的基準に照らせば許されざることだと主張した。当時はまだ「障害者権利条約」そのものがまだ存在しなかった。この条約ができていたらもっとずっと楽に論理展開できたことだろう。「障害者権利条約」は二〇〇六年に国連総会において採択され二〇〇八年に発効、日本は二〇一四年一月に批准し、同年二月一九日に同条約は日本で発効した。解雇された当時の国際的な障害者の権利保障を書いた、さまざまな委員会やシンポジュウムの報告書をかき集め、ファイル数冊以上の資料を収集した。英語ができて国際的な事情に明るい、国立国会図書館司書の女性労働者が全面的に協力してくれたことが大きな力となった。僕にとっては大変な作業だったが、精神障害者解放運動が具体的に前進している実感があったから、楽しくもあった。

改めて振り返ってみれば、僕の「相対的欠格条項」による解雇は資本主義社会における「障害者雇用促進法」や「障害者への合理的配慮」なるものの欺瞞性を露わにした事案だ。僕の解雇の理由は「精神障害者である」ということであり、「長期間休職していた」のも、国家公務員法と人事院規則に則っていたことであり、何ら罰せられるべき非違行為ではなかった。

一九九六年に当時の総務庁人事局長が関与して出版された、『新・公務員労働の理論―精神疾患を有する職員を巡る諸問題』（三協法規）で僕の解雇事案が検討されている。裁判は始まっていたが判決前だったので人事院公平委員会審理の結果が反映されている。この本では、僕の解雇が合法的なものだったかと問題を立てて、法的にはグレーゾーンだが人事院の承認によって解雇が正当化された（合法化された）ことが良かったと総括している。

当時は、長期間休職したからといって自動的に失職するという就業規則はなかった。郵政当局は人事院規則（法律の下にある規則）に則った解雇ができなくなっていた。だから規則・法律に則らない形で解雇しなければならなくなった。結局、郵政当局による受診命令は業務上の命令だからそれに従わないことは「国家公務員としての適格性に欠ける」という理由と「労働に耐え得ない精神障害者である」という相対的欠格条項を理由に解雇した。業務命令を拒否した場合は懲戒処分の対象となるが、そのようにした訳でもなく、ある種の超法規的措置による解雇だったわけだ。この本によれば、僕のような病気休職期間が長引くケースが他にも多いことを、「実務的にはこのようなケースは多いが、実務的処理に明確な判断が出されたことがなかったから紹介する」と書かれている。僕の解雇事案は同様のケースが多くあり、普遍的なテーマだったのだ。

地裁から最高裁に至る裁判闘争

僕は「国家公務員としての適格性に欠ける」すなわち国家公務員に向いていないという理由で解雇された。前記の本では人事院公平委員会審理を総括して「職場に復帰できる状態ではなかったにもかかわらず、公務の能率的運営という見地からの受診命令を正当な理由なく拒否したことが官職に必要な適格性を欠くという判断」をしてくれてよかったと書いている。また「受診命令に従わないことは、当該職員の素質、能力、性格に起因して、その職務の円滑な遂行に支障がある場合に該当し、分限処分にいう適格性欠如の一つの徴憑《ちょうひょう》になる」とも書いている。あくまで、一〇割の労働内容での復職しか認めないという意志を貫いていた。（徴憑とは、訴訟上、ある事実の

存在を間接に推理させる別の事実。このような証拠を間接証拠という。間接事実ともいう）

この本では検討されていないが、僕はこの解雇は障害者雇用促進法の精神に反するという主張をしていた。この点について人事院は「官職に必要な適格性を欠くものであるから、認められない」と判断した。そうだとすると、「障害者雇用促進法」の精神そのものが「官職に必要な適格性を欠くもの」だということになる。人事院の判断は国家意志が矛盾したものだということを、自ら暴露したことになる。話しがかみ合っていないがこの点は後の裁判の主要論点になった。

神戸地裁での裁判では障害者雇用と障害者差別の現実の問題が日本の裁判所で初めて争われた。当時は、「障害者権利条約」はまだなかった。国連機関を始めとしてさまざまな国際的な委員会の報告書や資料を収集して、障害者雇用を促進することが国際的基準であること、日本の障害者雇用促進法は不十分ながら国際水準に達しようとするものであり、不十分なことは国際水準を基準にして判断されるべきであると立証していった。その資料はファイル数冊分になっている。

また、民間企業で労働していた経験のある重度身体障害者である住田雅清さんが証言台に立った。彼は口で言葉を発することができず、ノートに書いて証言してくれた。十数キロもある小麦粉袋を運ぶ重労働をしていたが、重度身体障害者であることに配慮してもらえず身体を壊して働けなくなった自らの悔しい経験を証言してくれた。障害者への合理的配慮という考え方がなかった頃の貴重な証言だった。合理的配慮があれば彼もまた働き続けることができたのかもしれない。

僕の目にはこの時の裁判長の目には涙が浮かんでいるように見えた。

一九九九年、一審神戸地裁判決で森本彪《あきら》裁判長は、「いまの社会では障害者は差別されている。障害者差別の現状を改善するためには雇用の促進が必要であり、高見の解雇はこの社会の要請に反するから無効である。解雇は取り消されるべきである」と原告勝利の判決を下した。


同年、郵政当局が上訴し、大阪高裁での上訴審で郵政当局側は、「仮に障害者雇用促進の立場に立っても、被告（上訴された側なので僕が「被告」と呼ばれることになった）である高見の障害はとても働けないほど重度であるから、国家公務員としての適格性に欠けており解雇が相当だ」と主張した。また神戸地裁で僕が主張した「主治医がいるのになぜ当局指定医への受診命令を発するのかその理由を何度尋ねても当局は全く一言も理由を告げなかったから、なぜ当局が受診命令を発するのか真の理由は分からなかった」と言ったことが欠格条項の存在は知っていたことと矛盾するとも主張したが全く勝手な解釈と言う他なく詭弁でしかない。

郵政当局側は医師の診断によって僕が重度精神障害者だという新たな証拠資料に基づいた立証をしたわけではない。僕が「長期間休職したことが重度精神障害者であることの証拠だ」と短絡し、休職を示す赤いゴム印で真っ赤な出勤簿を証拠として提出した。長期間休職していたことは、神戸地裁判決でも僕の障害の程度として前提となっていたことである。僕も郵政当局も神戸地裁と同じ前提に立っているのに、あたかも前提が変わったのかのように主張する詭弁だった。

二〇〇〇年三月、大阪高裁の裁判官は証人調べも行わず書類だけを見て、「重度精神障害者には障害者雇用促進法を適用しなくてもかまわない。被告は通常の労働ではとうてい働けない程の重度精神障害者であったのだから国家公務員として必要な適格性に欠けており解雇は正当だ」という酷い逆転敗訴の差別的な判決文を書いた。

障害者雇用促進法に基づいて、障害者の人権を国際基準に近づけようとした神戸地裁の努力を踏みにじり、むき出しの資本の論理と一般社会に根強く存在する精神障害者に対する差別意識に依存した短絡的な差別判決だった。

「長期間休んでいたから解雇するのは長期間休むような奴だからだ」という障害者の基本的人権を無視した同義反復の屁理屈のような判決文である。ここに至る郵政当局の矛盾した主張をそのまま引き写した判決文だった。郵政当局がこのような詭弁を弄しただけだったから僕には言いたいことが山ほどあった。しかし、どういう経緯になったのか分からないのだが、僕に裁判方針についての相談が来ることはなかった。障害者雇用の何たるかも分かっていない兵庫県反戦青年委員会指導部のAは判断停止し、郵政当局の理屈に敗けていた。まったく「資本主義の原理」を忠実に遵守する駄弁にすぎない郵政当局の詭弁に屈服してしまっていた。精神障害者にとっての「社会の障壁」は思わぬところにあった。裁判方針について当該の僕に一言も相談しないという何だか分からない酷い党派指導部だが、これが新左翼党派の現実だった。

僕が感じた以上に弁護士は困ったらしい。僕には高裁で郵政当局の屁理屈に打ち勝つ論理があったつもりだったが、弁護士との意思疎通ができなかった。僕にしてみれば、何が何だか分からない内に裁判は終わってしまった。「言いたいことが山ほどあったのに」というのが僕の偽らざる気持だった。

最高裁に上告したが二〇〇〇年一〇月、最高裁は「手続き上の瑕疵はなく、争われていることが憲法問題ではない」と門前払いした。最高裁への上告審で弁護士は、僕に障害者自身が考える障害者雇用促進の論理を書いて欲しいというので、僕は大部の陳述書を書いた。それを読んだ弁護士は「こんなことが書けるなら（当局側が僕には全くないと主張した）労働能力はある」と言っていた。

結局のところ、国家権力機構そのものである郵政当局、そして大阪高裁、最高裁の主張する「重度精神障害者には障害者雇用促進法は適用しなくてかまわない」という判決が確定した。最高裁へ向けて取組まれた署名運動は、一万四五〇〇筆以上集まった。裁判には負けたが、僕たちの組織的な実力以上に集まった大勢の人たちの署名はこの解雇撤回闘争が大きな注目を集めたことを示していた。最高裁では負けたとはいえ、この闘いは精神障害者が労働する権利を獲得するための道を切り開く一歩の前進であったと思う。

「重度精神障害者」の人権裁判

日本の企業での障害者雇用は業務能率が「健常者」並みの「能力がある」者だけを雇用する傾向があり、資本主義の原理である利潤追求に沿ったものである場合が多い。最高裁が「業務能率の悪い障害者は解雇してかまわない」という判決を下したのだから、日本の障害者雇用促進の現実は、「資本主義の原理である金儲けに反しない範囲でのみ労働させてやる」、という障害者差別観丸出しの恩恵の思想にすぎない。最高裁判決によってこの差別的障害者観を国家の方針としたわけだ。その後この最高裁判決が乗り超えられたということを聞かない。

多くの重度障害者は月収一五〇〇〇円程度という障害者だけの作業所でしか働けない。差別の解消とは真逆の施策だ。障害者の作業所にはA型とB型がある。A型では障害者は作業所と雇用契約を結ぶので最低賃金などが適用される。A型は一般就労を目指す障害者が通う。その分条件は厳しく、重度障害者には向いていない。また事業所の数が全国に二六二三と少ない（厚生労働省二〇一五年「障害者の就労支援」について）。B型は一般就労のような厳しさはない分、収入は平均で一五〇〇〇円程度だ。ここで働くことは「労働」ではなくて「訓練」と位置づけられている。最低賃金法は適用されない。重度障害者を徹底して「労働」の場から排除するということだ。

「重度障害者には労働能力がない」という社会的差別の規定だ。まさしく日本は障害者差別社会だ。このような差別社会の中では障害者雇用促進法だけではなくて、障害者への「合理的配慮」と言われているものも、「障害者への配慮」ではなくて「資本主義の原理への配慮」にすり替えられてしまっており、差別社会の矛盾を塗りかくす「大衆のアヘン」でしかない。

二〇二二年五月、新たに長崎市役所の労働者である精神障害者が「成年後見人制度の欠格条項は憲法違反」として争う提訴を行っており、裁判の成行きを注視したい。ただし、このケースでは病気は回復したとされている。

提訴は五月一九日付で長崎地裁に提出された。訴状などによると、女性は一九八七年、長崎市に採用され、一九九二年ごろ統合失調症を発症した。二〇一六年三月、上司立ち会いの下で退職願を提出し、依願免職となった。女性側は父親らが弁護士に相談し、市公平委員会に審査請求したが却下され、一八年三月に免職取消を求めて提訴。二一年三月の長崎地裁判決は、「女性は統合失調症のため、公務員の身分を失うという重大な結果をもたらす意思表示をする能力がなく、退職願は無効」とし、免職取消を命じた。福岡高裁は同年一〇月に長崎市の控訴を棄却した。

しかし、同年一一月の判決が確定した日付で「保佐開始となった一八年九月二一日付で失職し、登庁の必要はない」とする市の通知が送られてきた。

父親が保佐人となった当時は、地方公務員法から絶対的欠格条項は削除されていなかった。その後削除されたが、市は削除前だった時点までさかのぼって適用した。父親は「病気になっても回復すれば働ける。差別的だと非難され削除された欠格条項を、さかのぼって一方的に押しつけてきたのは許せない」とし「欠格条項の違憲性を問いたい」と話している。

地方公務員法の欠格条項については、内閣府の有識者委員会が二〇一七年、「心身の故障で職務に支障がある場合に本人の意思とは関係なく休職や免職にできる分限規定などが既に整備されているから削除すべきだ」と提言。一九年には、公務員や医師、弁護士、法人役員、警備員などに関連する一八七本の法律から欠格条項を削除する一括法が成立した。

この時の法改正は「絶対的欠格条項」に限って削除したものであり、「心身の故障で職務に支障がある」ことを理由とした「相対的欠格条項」（休職や免職にできる分限規定）はいまだに有効であり、今回の長崎市の労働者の裁判でもその点は争われていない。

このように、重度精神障害者には憲法上の基本的人権が保障されていない。日本国憲法は、第二十七条で「（1）すべて国民は、勤労の権利を有し、義務を負ふ。（2）賃金、就業時間、休息その他の勤労条件に関する基準は、法律でこれを定める。（3）児童は、これを酷使してはならない」と規定している。

しかし実際には障害者の多くは労働ではなくて訓練と法的には位置づけられている障害者作業所で働いている。

二〇〇〇年に最高裁判決が出た高見裁判がある。争われたのは精神障害者の労働する権利だ。一審神戸地裁では勝訴したが、大阪高裁・最高裁は「精神障害者に障害者雇用促法上の労働権が認められるとしても、重度精神障害者は解雇してよい」という判決を下した。

最高裁が「重度精神障害者は、『すべて国民』には含まれない」と宣言したに等しい。事実上、「国民に含まれない重度精神障害者にその他の国民の基本的人権を保障する必要はない」と宣言したに等しいものだ。

新たな働く重度障害者がこの最高裁判決を覆す闘いに決起してくれることを期待したい。

「能力に応じて働き必要に応じて受け取る」原理の実現に向けて

いままで語ってきたように、精神障害は様々なストレス、すなわち精神的ストレスや身体的ストレスなどが原因で発症する。原因は精神的にも身体的にも障害者が生活する社会環境の側にある。決して精神障害者本人の内側に原因があるわけではない。加えられたストレスが一定量に達すると、川の堤防が決壊するように精神のバランスが崩れて発症するということだ。

このことは、裁判終了後に、僕がひどい肩こり（頚腕・腰痛症の残遺症状）が続いていたので服用した漢方薬『還元顆粒』で、それまで続いていたひどい不眠症が劇的に回復したことによっても証明された。一時期は『還元顆粒』だけ飲めば睡眠剤は飲まなくとも、ぐっすりと眠ることができた。こんなにぐっすり寝るという体験をすっかり忘れていたとさえ思う程劇的な効果があった。連れ合いがあきれるほど僕はぐっすりと寝続けた。その後漢方薬の効き目が悪くなり、いまでは別の漢方薬である「抑肝散加陳皮半夏」と西洋薬の睡眠剤と併用しているが、睡眠時間はずっと改善している。

『還元顆粒』の由来は中国の文化大革命にさかのぼる。一九六六年からの紅衛兵運動によって中国社会は大きく歪んだ。社会的な大きなストレスにより心臓病で亡くなる人が急増した。これを問題視した周恩来首相は中医（漢方医）と西医（西洋医）の大規模な合同チーム（「中西医結合」）に巨額の国費を投入して新薬の開発を進めさせ、一九七一年に「冠心Ⅱ号方」が完成した。この薬は心臓疾患や血栓対策に大きな効果があった。一般に漢方薬は体質改善により病気を癒すというところから徐々に効くと思われがちだが、「冠心Ⅱ号方」は即効性があり、また初めて西洋医学的に効果が確かめられた漢方薬だと言われている。

一九四九年に勝利した中国革命後の一九五〇年代、毛沢東が推し進めた極端な共産主義化政策である「人民公社政策」や「大躍進運動」の失敗によって一九五九年から六一年にかけて大飢饉が発生し、数千万人が餓死した。これによって実権を失った毛沢東が巻き返しを図った紅衛兵運動＝文化大革命は中国社会を大混乱に陥れ、死者・行方不明者は数百万人から数千万人と言われる。革命の行き過ぎがかえって社会を混乱させ多くの犠牲者を出したことが、「冠心Ⅱ号方」開発の動機だった。この薬によって中国では多くの人々が救われた。

日本では一九八〇年代末から九〇年代、「二四時間戦えますか」と歌う栄養ドリンク「リゲイン」のコマーシャルや「企業戦士」という言葉に象徴されるバブル経済とその崩壊によってストレスフルな社会になる中で、心身に大きなダメージを受けた人々が多かった。「冠心Ⅱ号方」に注目した日本の薬剤師の提案で日本で独自に開発されたのが『還元顆粒』だ。「冠心Ⅱ号方」とは一部の生薬を入れ替えて、精神的ストレスを緩和させ胃腸の働きをよくする処方とした。『還元顆粒』は一九九〇年に厚生省（当時）から一般医薬品として承認された。ストレスによって障害を負った人々に『還元顆粒』は大きな効果があった。『還元顆粒』の主な薬効は血行障害の改善である。

このように、頚腕・腰痛症の残遺症状の改善で、不眠症が大幅に改善されたことは、身体的ストレスが不眠症、すなわち僕のうつ状態の主症状の原因であったことを立証している。また精神的ストレスが統合失調症悪化の原因であったことは、僕自身の反戦青年委員会時代の経験の経緯が立証している。

結果として、脳の中ではストレスによって何事か変化が起きており、原因の除去イコール症状の除去とは必ずしもならないことはあるのだろう。いまでは僕にはストレスは少ないが精神病症状が完全になくなったわけではない。それでも薬によって症状が前景に出ることはほぼ抑えられている。

しかし重要なのは「原因がなければ結果は出ない」ということだ。身体的、精神的な過度のストレスが加えられなければ、人は精神病発症にはいたらない。精神病発症の原因はその人をとりまく社会環境の側にある。そうであるなら、精神障害者は精神病の発症を自己責任とされたり、罰せられたり労働現場から排除されたりされるべきではない。責任を負い、罰せられるべきは社会の側だ。今の精神障害者をとりまく社会環境と、病気を自己責任とする思想がいかに転倒しているかは、明らかではないか。

障害の原因を個人に求めること、精神障害者ならば脳内の変化に原因を求めることを「医学モデル」と言い、その場合、治療で病気を治すか、治らないならば精神障害者が差別されている現状に順応することが求められる。障害者、精神障害者が困る原因を社会に求める立場を「社会モデル」という。この立場は、社会的なバリアーを取り除くことを目指す。僕の立場は「社会モデル」を超えて、精神障害の原因を社会に求めると共に、精神障害者が障害者であるがままに労働する権利、あるがままに生きやすい社会を求めている。「一般常識」で考えられるように「健常者」並みに働けるから一般就労で働かせろと言っているのではない。僕の要求は「一般常識」をはるかに超えたところにある。僕は「重度精神障害者の条件でしか働けないが一般就労をさせろ」と要求してきたのだ。障害者が障害者であるがままに、「健常者」と同等の権利を得るべきだと言っている。「八時間労働に実質的に低い労働密度で働かせろ」と要求していたのだ。「働く場をえて労働力を売ることができた者だけが報酬を受け取る」という今の社会の次元を超えることはもちろんのこと、「能力に応じて働き、労働に応じて受け取る」過渡期社会を超えて、「万人が能力に応じて働き、必要に応じて受け取る」原理の社会に転換するべきだと言っているのだ。「一般常識」にとらわれていたら到底理解しえない要求であることだろう。それでも良いと思っている。その理由は後に展開する。

見てきたように、僕自身の経験をふりかえることで、精神病の原因が社会的ストレスにあること、現状は精神障害者が精神障害者であるがままに普通の市民として生きていける社会には程遠く、障害者が一人の人間としての人権も認められていない、そのような社会が現在の日本の社会体制であり、その社会を根底的、「革命」的に変革しなければ、障害者、精神障害者（重度精神障害者）が「健常者」と同等の権利を得ることはできないことが立証されたのではないかと思う。したがってこの本は、いかにして個人に社会的ストレスを加える社会そのものを障害者にとって生きやすく住みやすい社会に変革するのか、いかにすれば重度精神障害者が重度精神障害者であるがままに生きやすい社会に変革し得るのかという方法論の論証に移行していくことにする。

「見えているのに知りたくないから見ようとしない」

僕は郵便局からの解雇が確定した後、命の危機にさらされ続けていた。永い間この事実を僕自身「見えているけど見ようとしていない」ものとして心の底に抑え込んでいる状態が続いていた。いまの社会、すなわち資本主義社会の下では、無産者階級や労働者階級に属する者は「働いて」すなわち、資本家階級に労働力を商品として売ることによってしか生存を保障されない。僕は働けなくなった途端、商品として売るべき物が何もかもなくなってしまった。売る物がなければ無産者階級の者は死ぬしかない。これが資本主義社会の冷徹な法則だ。

「福祉がある」と言うかもしれない。解雇直後に僕は日本年金機構から「労働できない」という認定（障害三級年金相当という認定）を受けた。しかし、保障された年金の金額は生存に必要な生活費の半額だった（当時の初任給の三分の一くらい）。だから一時期、生活保護を利用していた。生活保護制度は、想像以上に人格にたいして破壊的攻撃を加えて来る。もちろん攻撃する主体は自治体労働者だ。日本年金機構から「労働できない」という認定を受けているにもかかわらず、担当ケースワーカーからは、「手足があるから働けるだろう。働かないと生活保護を停止する」と言い続けられた。結局、この自治体労働者の言ったことは「働かないなら飢えて死ね」ということだ。この日本社会には、命の絆である水道を止められている人がいまでも大勢いる。近年世界中で進められている水道民営化が行われた国々ではもっと酷い事態になっている。日本でも宮城県で二〇二二年四月から水道が民営化された。このように日本の「福祉」行政は必ずしも憲法で保障されているはずの生存権を保障してくれてはいない。

生活保護を罪悪視する動きは保守政権党である自民党・公明党において激しく行われてきた。二〇一二年に自民党国会議員の片山さつきが「生活保護を恥と思わないのが問題」とバッシング、芸能人の母親の不正受給（実際には不正ではなかった）バッシングがあり、自民党・公明党は選挙公約で「生活保護費一〇％引き下げ」を謳い勝利、二〇一三年から三年かけて、最大一〇％、平均六・五％の生活扶助基準引き下げがあった。これに対しては原告一〇〇〇人以上が提訴し、二〇二一年二月大阪地裁、二〇二二年五月熊本地裁、六月東京地裁、一〇月横浜地裁で原告勝訴の判決が出た。生活扶助基準は二〇一八年にも最大五％、平均一・八％引き下げられている。

その後、僕は障害年金の等級が二級に上がり、国民年金と共済年金の障害年金を受け取ることができたので、それだけで生活できるだけの収入を受けとっている。しかし、この障害二級という「身分」は二年か三年に一度の診断書提出で判断されており、いつまた等級が下げられるかも分からない。障害年金の等級は医師の診断書をもとにして決められることになっているが、実際に精神障害者を診断する主治医には支給するか否かの決定権はない。日本年金機構の年金事務所が決定権を一手に握っていて、その基準も明らかにされておらず、数人の官僚が精神障害者の生殺与奪の権限を持っている。年金の等級が引き下げられれば、また「働かないなら飢えて死ね」と言い続ける福祉事務所に回されることになる。その場合、たぶん一定期間が過ぎたら本当に生活保護を廃止されるのだろう。実際、ホームレスになった精神障害者は多いし、この国でホームレスが長生きできるとは思えない。二〇〇九年「公衆衛生学会誌」によれば、ホームレスの四四％が何らかの精神症状を持っている。

そういう状態にならなくても、局地的な戦争や資本主義の景気循環によって起きる不況や恐慌などの経済状況の悪化でこれらの社会保障が打ち切られる可能性は常にある。資本主義社会は常に経済状況の悪化の可能性があることは経済学を知っている者なら否定しえないだろう。第二次世界大戦中に大勢の精神障害者が餓死させられたことはそれほど遠い過去の歴史的事実ではない。

僕はこの事実を他者に言ったことはなかった。というよりは、事実は僕が定職を失ってから常にあったのに「見たくないから見なかった」のだ。白く霞んで朧げには見えていても決して両眼を見開いて見たくなかった事実なのだ。

「見えているのに知りたくないから見ようとしない」という一つの真理を知ったとき、僕は自分自身がいつでも飢え死んでもおかしくないという事実を見たくなかったことに気がついた。昔、好きだった音楽にジョニ・ミッチェル（Joni Mitchell）作詞・作曲の「Both Sides Now」がある。邦題は『青春の光と影』と訳されていた。原題の意味は、「いま、両面を知った」だ。「見えてしまったからその真実を見るしかない」という意味だ。

資本主義社会では精神障害者は絶えず死に直面させられている。この現実は変えるしかない。「人は能力に応じて働き、必要に応じて受け取る」社会、すなわちコミュニズムの実現においてしか、精神障害者が命の危機にさらされない社会を実現するのはむずかしい。精神障害者は命を繋ぐ絆を育むためだけにでも、社会を革命的に変革しなければならない。何をどう変革するのか。無産者が労働力を商品として売ることによってしか生きられない社会から、「各人は能力に応じて働き、必要に応じて受け取る」社会にだ。この理想的な社会は、まだこの地球上に存在したことはない。一八七一年パリ・コミューンと一九一七年のロシア革命によって端緒が切り開かれた理想社会の歩みは、後に変質させられてしまった。

だから、これからは、この理想的な社会の実現可能性について、論証していきたい。

第二章
障害者はなぜ差別されるのか

劣った者とされる障害者

いまの日本では、障害者は「劣った者」とされている。それはなぜか。日本人には「五体満足」というイデオロギーが親から子どもへと刷り込まれてきた。子どもが産まれると助産婦さんに「子どもの指は五本ありますか」と聞く親がいまでも多いという。日本人に連綿と受け継がれてきた「優生思想」だ。それは親から子へと語り継がれている。これには「原古の」社会から受け継がれてきたと言われる天皇制思想とその神話が影響している。日本の神話伝承では皇祖神であるイザナギ・イザナミは子として蛭子《ひるこ》を産んだ。三歳になっても脚が立たなかったので天磐櫲樟船《あめのいはくすふね》に乗せて風のままに放ち棄てたとある。この神話は第二次世界大戦中までは歴史的事実として学校で教育されており、子どもたちは暗記させられた。現在、七〇歳の僕の世代でも親から聞いたことがあるし、五体満足というイデオロギーはもっと若い世代にも受け継がれてきた。

このように天皇制と障害者差別は一体不可分のイデオロギーとして機能している。天皇制を支持する人は多いし、若い世代にも多い。これは優生思想であるが、旧優生保護法や現在拡大されようとしている出生前診断によって法的にも裏付けられている。法律を作る国会議員や官僚機構を担う官僚たちが優生思想を持っているからだ。

外国では障害者のテニス・プレイヤーの国枝慎吾が尊敬の対象だ。ノバク・ジョコビッチに「あなたを尊敬する」と言った日本人「健常者」のテニス・プレイヤーに対して、ジョコビッチが「日本には国枝慎吾がいるだろう。僕は国枝を尊敬している。なぜ君は尊敬しないのか」と言ったという逸話がある。日本で国枝慎吾はほとんど報道されることもなく、「健常者」のテニス・プレイヤーばかりが脚光を浴びる。

外国でも障害者は歴史的には差別されてきたが、現在では状況が違う。ヨーロッパでは「医学モデル」から「社会モデル」への転換が進んでいる。それに比して、日本ではいまだに根深い障害者差別が社会の深層深く根差している。そのことと荒唐無稽な天皇制が存続していることは無関係ではないだろう。天皇家には代々障害者がいなかったという不可思議な伝統があるらしい。蛭子《ひるこ》の神話が代々引き継がれている天皇制の存続とこのことは無関係ではないだろう。日本人の若い世代からも尊敬の対象である天皇家には身体障害者がいないことは、国枝慎吾がまったく尊敬されていないことと無関係ではあるまい。僕の親の世代では大正天皇は知的に問題があったから裕仁親王が摂政をしていたと言われており、僕の父は大正天皇を軽蔑していた。しかし、天皇家の公式の歴史にはそのような事実は記されていない。

日本ではこのように天皇制の存続と、障害者が劣った存在とされ、差別されている構造には根本的な因果関係があるのではないか。障害者差別を終わらせるには天皇制廃止を伴わなければ、実現できないし、障害者は決して尊重されることはないだろう。

日本国憲法では天皇制存続が決められているし、天皇は人間ではない「象徴」というものだと規定されている。このような憲法の条項が廃止されなければ、人間ならざるものとしての天皇の地位は揺らぐことはない。僕たち障害者は、自らを尊重して働き生活したければ憲法を改正して、制度としての天皇制を廃止しなければならない。障害者解放と天皇制の廃止は不可分の関係にある。天皇制支配の構造を変革することは障害者解放の前提条件である。天皇制廃止を望まない障害者は、障害者差別をより強固に補強する立場に陥るということが明らかだろう。

自らが障害者であり差別されていることを自覚しきれていない障害者は多いが、自分で自分への抑圧と差別を内面化しているのだ。

第二次世界大戦中の日本共産党員が、落とし便所に天皇の顔の絵を落として、そこに大便をすることで幼少期から刷り込まれた制度としての天皇制を乗り超えようとしたという逸話がある。多くの場合、軽蔑的に言われてきたのだが、それくらい根深く日本人には天皇制が心に深く刷り込まれ、内面化しているということでもある。僕にはその日本共産党員の気持ちがよくわかる。障害者にとって内面に深く刷り込まれてきた差別と抑圧を当たり前とする精神構造を脱却し乗り超えるのは、自分自身の経験から簡単ではないことを知っているからだ。

危険な者とされる障害者

障害者を危険視する視線は、精神障害者に対して顕著であり、知的障害者に対しても向けられる視線だ。精神障害者は「何をするか了解不能」という視線だ。

第一に障害者、とくに精神障害者、知的障害者は自分とは違う存在だと認識される。「異形なもの」という認識だ。街ではしばしばひとり言を言っていたり、怒声をあげている人に出会うことがある。根拠なく彼ら彼女らは精神障害者だと思われている。精神障害者であるかどうかは精神科医が診断しなければ判断できないはずだが、素人判断でそのようにみなされる。素人判断の根拠は「自分とは違う」というだけだ。

なぜ自分とは違う者を精神障害者であると思い、危険なものと思うのだろうか。すぐに思い浮かぶのは、マスメディアによる予断と偏見に満ちた刷り込みだ。刑事事件に際して「容疑者に精神科病院への通院歴があった」と報道される。また「刑事責任能力があるか鑑定される予定だ」と報道されることによって、精神障害者と犯罪を結びつける認識が生まれる。実際には精神障害者の犯罪率は「健常者」のそれよりもずっと低いし、刑事事件の被害は加害者の家族に向けられたものが多く、精神障害者が犯人であるようないわゆる通り魔事件は、最近の事件で思い当たるものはほとんどない。

ここまでの議論は以前から言われてきたことだ。問題はマスメディアによる刷り込みがどう人間心理に反映されるのかということであり、それは精神障害当事者の心理にも刷り込まれているということだ。マスメディアは日々生起する情況の変化の一%くらいも報道していない。報道される情報量は世の中で起きていることのほんの一部でしかない。この事実を疑う人はいないだろう。新聞紙面もテレビ・ニュースの時間も限られたものだ。報じられない事実の方が圧倒的に多い。いわゆる世論の誘導操作が行われていることを疑う人はどれくらいいるだろうか。毎日報じられる一%未満の事実報道（意図的な嘘の報道もある）をどう選ぶのかはマスメディアのなかでもほんの一握りの人間が決めている。編集局長などの上の人間が何を報じるかを決めている。世論操作をしたい者たちはその一握りの幹部を掌握していればいいのだ。世論はこの一握りの者たちによって作られている。

では、この一握りの情報操作をしている者たちの実体は誰なのか。言うまでもなく支配階級に属する国家意志を体現した巨大資本家たちだ。巨大資本と無関係な新聞社もテレビ局もない。巨大資本の広告抜きに経営されているのはＮＨＫだけだ。ＮＨＫの経営者もまた巨大資本家たちに左右されている。政権党の党首と新聞社社長の会食が行われていることは公然の事実だ。

今の日本社会の中で「事実」も「正義」もその中身、実態を決定しているのは巨大資本家たちということだ。世界的規模で言えば人口の一%が九九%の人たちを支配している。したがって九九％の人たちにとっての真実がマスメディアに載ることはない。

「暴力は良くない」・・・最大の人数の暴力装置は軍隊＝自衛隊であり警察機構ではないか。

「人を殺してはならない」・・・毎年何人も絞首台で殺しているではないか。国家は世界中の戦争で何人殺してきたのか。

「詐欺や強盗は良くない」・・・銀行こそ最大の詐欺師ではないか。国家権力や暴力装置を背景にした取り立て屋が銀行ではないか。

「働かずに盗んではならない」・・・資本家階級の中に不労所得を得ていない者が一人でもいるか。

「中国や北朝鮮は安全保障の脅威だ」・・・中国や北朝鮮を百万回も殺せる程の核兵器を持っているのはアメリカ合衆国ではないか。

マスメディアが報道する価値観は、「九九％」にとっては真実ではない。これをまるで一〇〇％の人たちにとっての真実であるかのように、子どもの頃は教育によって、成長してからはマスメディアによって刷り込まれる。

このように見てくれば、精神障害者や知的障害者が危険視される原因はまったく巨大資本家の都合に合わせて操作された「世論」に過ぎないことは明らかだろう。

問題は精神障害者の多くは中途障害者であり、僕たち自身のなかに「精神障害者は何をするか分からない危険な者だ」という観念が刷り込まれていることだ。精神障害者にして、精神障害者だとラベリングされた時に、ぞっとする思いをしなかった者が何人いるだろうか。

精神障害者の自己解放にとってこの欺瞞の構造を見破ることは第一歩をなす。刷り込まれてきた観念から自由になることは精神障害者の自己解放の第一歩なのだ。

精神障害者、障害者は、自己解放のためには一%の人たちが操作して報道した情報の底部から「九九%」にとっての真実に目覚めなければならない。マスメディアや教育で刷り込まれている観念が一%の人たちにとって事実であっても、九九%の人たちにとっては「事実」でさえないという真理に目覚めなければならない。真理は学校教育にもマスメディアにも存在しない。

「健常者」の労働者は、精神障害者や障害者に対して、身体障害者は精神障害者に対して持っている差別や偏見によってまさに自分たちを縛っている支配者たちの鎖を強めている。精神障害者は自分の仲間たち自身に向けて持っている差別と偏見によって自らを縛り付ける鎖を強めている。

何度も同じことを言うが、マスメディアが報じるのは事実の一%にも満たない。それは九九%の人びとを縛り付けるために「一%」が仕掛けた罠だ。

「階級社会」「階級対立」というものの見方を嫌う精神障害者や障害者は多い。しかし一〇〇%にとっての真実というものはない。あるのは一%にとっての事実（それこそマスメディアが報じることだ）と「九九%」にとっての真理だ。そして僕たち障害者は、「九九%」の陣営にいる自覚だ。

虐待と虐殺の対象としての障害者

西洋では中世・近世には魔女狩りで精神障害者が大勢殺された。一五世紀から一八世紀まで一一万人が裁判にかけられて四万人から六万人が殺された。魔女と言われるが男性も多く含まれる。昔のことで正確な統計はない。魔女とされた男女の多くは意思疎通がしにくく了解不可能とされた人たちで、精神障害者が多かったと精神科医の岡田靖雄は書いている。

日本では一九二三年の関東大震災の時に、聴覚障害者や吃音《きつおん》、言葉をうまく喋れない障害者が、「朝鮮人が井戸に毒を投げ込んだ」というデマを信じて朝鮮人を虐殺していた民間人の自警団などによって殺された。殺された中には知的障害者もいたかもしれない。検問して誰何《すいか》し、朝鮮語には語頭に濁音がないことから朝鮮人が発音しにくいと考えられた「一五円五〇銭」「ガギグゲゴ」などを言わせうまく喋れない人を朝鮮人だとみなして虐殺した。虐殺された朝鮮人の数には二六一三人という説から数十万人という説まである。

当時の内務省の調査では殺害された「聾唖者」などの日本人は五九人とされているがこれは少なく見積もられており実際はもっと多かったと思われる。同時に日本人の社会主義者である大杉栄、伊藤野枝、甥の六歳の橘宗一、労働運動の指導者である平澤計七ら一三人も虐殺された。また治安維持法の先取りと言われる緊急勅令「治安維持の為にする罰則に関する件」が出された。興隆をきわめた大正デモクラシーは民族排外主義と障害者差別主義の前にはもろくも解体された。
大正デモクラシーの期間には諸説あるが、一九〇五から一九一七年のロシア革命に触発された米騒動を頂点に一九三一年までとする説が一番長い。一九二五年に治安維持法が制定され「国体変革」を主な取り締まり対象とし、最高刑は死刑だった。最初は共産党が次には労農派や社会主義者、労働組合活動家、次には宗教団体や学術団体、芸術団体に拡大され、民衆運動は息の根を止められた。同法が廃止されたのは戦後すぐではなくて一〇月になってからで、その間に有名な哲学者の三木清が獄中で亡くなっている。

近年ではナチス・ドイツの計画的障害者虐殺がある。Ｔ４《ティーフォー》作戦と呼ばれ三〇万人の障害者、精神障害者が計画的に殺害された。のちのユダヤ人大量虐殺の予行演習と言われている。「Ｔ４作戦」は「不治の患者への慈悲死」を下す命令にヒトラーが署名、病院や「安楽死施設」での虐殺が行われた。一九三九年一〇月に始まり一九四一年八月で公式には中止されたことになっているが、その後も「野生化したＴ４」と言われる障害者、精神障害者虐殺が続けられた。それが終ったのは一九四五年五月のナチス政権の終焉時である。

二〇一六年七月二六日、神奈川県にある大規模障害者施設・津久井やまゆり園の元労働者の植松聖は、同施設に侵入して知的障害者一九人を殺害、労働者を含む四七人に傷を負わせた。傷つけられた障害者の傷はいずれも重症であり、明白な殺意が込められていた。一方、労働者は軽傷だった。

植松聖の障害者虐殺には連綿と続く優生思想の歴史があり、「意志の了解不能なものは人間ではない」、とする障害者差別の考え方が根底にあった。植松聖は裁判にかけられ死刑判決を受けたが、被害者たちに謝罪することを拒否し続け、自分の行為を正当化したままだ。

表面化することは少なくても、コロナ・クラスターが精神科病院で発生した時に、コロナ専門病院に転院することなく亡くなるケースが少なくない。生かすべき命と死なす命を選別する事実上のトリアージ（選別）だ。兵庫県では、県立精神科病院で一病棟二〇床をコロナ専門に転換して待っていたが、二〇二一年九月時点までで最大三人しか転院して来なかったという。もちろん兵庫県内でも東加古川病院などの精神科病院ではクラスターが発生していた。受け入れ体制が整っていた県立病院に精神障害者のコロナ患者が移送されなかった原因はどこにあったのか。保健所の行政改革で保健師が大幅に減員された結果、残された保健師は忙しすぎて保健所はまともに機能しなかった。保健所にとっては精神障害者のことなどかまっていられないということだったのだろう。これが、「健常者」の「上級国民」だったらこのような「命の選別」による犠牲など起きただろうか。明白な精神障害者差別ではないのか。

一方で、江戸時代の京都岩倉村のように精神障害者の治療所が村中《むらなか》にあり、大勢の精神障害者が村人たちと普通に暮らしていたという歴史もある。日本で精神障害者が虐待されるのは、明治維新後に西洋医学が入ってきてからだと思われる。江戸時代までは精神障害者は街や村中に放って置かれたり、漢方医による治療が施されていたようだ。火の元の心配があったり刑事事件に対する処分として入牢、檻入《おりいれ》、溜預けなどがあったが、私宅監置などは武士階級のものだったようだ。庶民の家に座敷牢があったという記録はない。他に、寺院、神社などが病院の役割を果たしていたという記録もある。

明治維新後の西洋医学の導入によって精神障害者は精神科病院と座敷牢に監禁され、鉄鎖で拘束されていった。精神障害者の不幸は西洋医学がもたらした。

日本の伝統的漢方医学では、精神障害をあくまで病気ととらえていて治療の対象にした。西洋医学は精神障害者を治安維持の対象にしたのである。

「フィリップ・ピネル（一七九二〜一八一一）が『精神医学』を開発してから精神障害者の不幸は始まった」、と言った人がいるが、西洋では魔女狩りの歴史があり、精神障害者に対する差別的偏見は歴史的にあったのではないだろうか。それをピネルがいかにも一般医学風に体系化したのが「精神医学」だと見るべきと思う。

日本では歴史的に漢方医学による治療が中心で精神障害者は治療の対象だった。狐憑きという形で祈祷師が診ていたこともあったが、魔女狩りのように虐殺されたりはしなかった。精神障害者の一部は、イタコや沖縄のノロ、ユタのようなシャーマン、すなわち特殊能力の持ち主として

「神・仏との対話」をする者とみなされた場合もあったようだ。その場合、精神障害者は尊崇の対象だったのだろう。

僕は知的障害者の歴史について詳しくないが、知的障害者が隔離・収容・虐待されるようになったのは明治維新後、巨大な「コロニー」と言われる「隔離施設」が人里離れた山中に作られ、近代教育が始まり就学免除が適用され、養護学校（分離教育）が作られるようになってからではないだろうか。

第二章冒頭で触れた蛭子《ひるこ》の神話は江戸時代に庶民信仰だった仏教によって排撃された。これは宗派によって、親である神の悪行の因果が子である蛭子に報いたのだという話と、障害児を打ち捨てたような神の無慈悲な所業は将来において応報を受けるという話の二方向からなされていた。

明治維新以降、西洋からもたらされた障害者、精神障害者の不幸は、日本の資本主義化と軌を一にしている。資本主義の下では金儲けの役に立たない者は人間として平等に扱われない。このことは日本の障害者、精神障害者にとって二重の不幸となった。この問題は別項として論じたい。

神出病院事件

「神出病院における虐待事件等に関する第三者委員会」調査報告書が二〇二二年五月二日に、神出病院のホームページに掲載された。これは第三者委員会の意志により兵庫県、神戸市のみならず一般市民にも公開されるべきだとされたからだ。報告書は二八一ページに及ぶ。

二〇二〇年三月四日、錦秀会グループ（傘下には六千床を持ち、徳洲会グループに次ぐ巨大医療グループ）傘下の兵庫錦秀会・神出病院に勤務する看護師、看護助手計六人が患者への準強制わいせつ・暴力行為等処罰法違反、監禁容疑で逮捕された。

報道によって虐待事件の闇に光が当てられるかに見えたが、錦秀会グループ（藪本雅巳理事長）と神出病院（大澤次郎院長）（いずれも当時・第三者委員会報告では匿名）は真相究明を妨害し続け、神戸市の強い要請によって第三者委員会が設置されたのは事件から一年半後だった。第三者委員会の報告ではこの虐待事件は藪本の金儲け主義が引き起こしたものだと断罪している。

虐待は第三者委員会が調べただけでも、刑事事件化された件数の三六件、犯人六人に止まらず、虐待行為は八四件、犯人は二七人に及んだ。第三者委員会も調べ尽すことはできず、もっと隠れた虐待があっただろうと書いている。報告書によれば虐待行為の内実は報道されたような生易しいものでなく、口にするのもおぞましいおおよそ人間に対する行ないとは思えない陰惨なものだった。

ところが藪本雅巳元理事長は第三者委員会の事情聴取を拒否し続け、結局応じないまま別件の日本大学の巨額金銭疑惑で逮捕されたことで理事長を辞任した。しかし、藪本雅巳は辞任後も影響力を持ち続け、理事会にも諮らず妻を理事長代理に据えたのである。理事長代理になった妻の年収は七二〇〇万円にも上る（藪本雅巳の子どもを含め藪本一家全体の理事・評議員報酬は八千万円以上）。藪本雅巳は未だに、錦秀会を支配し続けようとしている。

理事長に在職中、藪本雅巳の役員報酬や保証金、交際費は年間三億円を越え、その一部は政治献金となっていた（なお、一九九八年度の報酬は三六〇〇万円であった。二〇一五年までの一七年間で一〇倍近く増やし、その後は辞任まで変わらなかった）。藪本雅巳が安倍晋三元首相＝自民党細田派のタニマチ（ひいき筋の取り巻き）だったことはよく知られたことだ。その金は患者の命と尊厳を犠牲として搾り取られたものだ。

驚くべきことに二〇一九年の藪本の報酬は三億円を越えているが、同年の決算上の経常利益二・三億円よりも多い。この金は施設老朽化の改修をしないこと、必要な医療品を整えないこと、徹底した人員削減、内科的疾患が重症化しても転院させない、心肺停止時に蘇生措置をしない、併設した老健施設から不必要に入院させるなど、患者から徹底的に搾り取った金だ。実に神出病院の死亡退院率（退院者の中で死亡による者が占める割合）は四二％という異常なものだった。これは、高齢の認知症患者を大勢長期入院させていたことを考慮しても多い。大澤次郎院長辞任後には死亡退院率は二〇％台に下がっている。

大澤次郎元院長が入院患者数を維持し続け医療費を安上がりにしたのは、ただひたすらに藪本の報酬を稼ぐためだった。藪本雅巳前理事長の報酬は病院全体の人件費の一〇％にも及んでいた。

大澤次郎元院長の退任後も藪本一族の支配は続き、改革をしようにも土居正典現院長には十分な権限がないという。藪本雅巳は何ら罰せられることもなく神出病院事件の責任を一切取っていない。

第三者委員会の報告書は錦秀会・藪本雅巳前理事長、神出病院・大澤次郎元院長のみならず神戸市、兵庫県にも事件への責任があると明記している。神戸市の「実地指導」なるものは事前通告されており、神出病院はその日だけ体裁を取り繕ったため、神出病院の職員が知らない名前が勤務表に書かれていた。仮に神戸市がそれらに気が付かなかったとしても、カビだらけで大便臭のただよう病棟、蛇口から湯の出ない給湯器や入浴できる風呂は一八〇床のB病棟に一カ所しかなかったことには気がつくことはできたはずだ。病院職員の一人は、神戸市の調査員は病院の問題ある現状に「しらんぷりをしていた」と証言している。それらの不備は、神戸市が実施したマニュアルにある厚生労働省の精神科病院設置基準には書かれていない項目だったのだろうか。

大澤次郎元院長をはじめとする医師たちは、患者を診察しないでカルテを書き、薬を処方した。異様に多い隔離・拘束においても必要な看護や医師の回診がなかった。そもそも医師の指示ではない違法な拘束が行われるのが日常だったが、それを糾す医師や看護師は一人としていなかった。たまに、異常さを指摘する者がいても院長が握り潰した。大澤次郎元院長は患者を金もうけの道具としてしか扱わなかった。大澤次郎元院長の意志は末端の看護師、看護助手まで浸透していた。それが患者を人間と見ない気風を生み意図的虐待の原因となったのだ。

神戸市は隔離・拘束に必要な書類が整っていないことに気が付きながら、不適切な場合に行なう「指摘事項」にも上げなかった。神戸市と神出病院は一九九八年〜二〇二二年まで二四年間にわたって毎年同じ指導と同じ文章の回答をやり取りし、疑問に思う者もなかった。第三者委員会は、「神戸市は怠慢のそしりを免れない」と明記している。

兵庫県は、藪本雅巳前理事長の職務内容に比して（書類に決裁印を押印しただけだった）あまりにも高すぎる報酬が、医療法第五四条が禁止している剰余金配当に該当することを認識していながら看過した。この兵庫県の職務怠慢で藪本雅巳＝錦秀会の利益追求至上主義経営は易々と見逃されていた。藪本雅巳には利益追求のために異常に多くなったと思われる患者の死亡率と、労働条件が悪いことも原因の一端となった虐待事件の責任がある。神戸市と兵庫県も同罪だと言わねばならない。

第三者委員会はボロボロの施設になっても修繕もされなかった病棟の改修費用を兵庫県は藪本雅巳元理事長に負担するように命ずるべきだとしているが、未だ対応していない（二〇二二年一二月現在）。

事件を起こした（発覚した）当事者が罰せられることはもちろんだが、それ以外にも虐待事件は起きており、その体質は看護師長から引き継がれてきたものだった。録画があった六人が罰せられた事件でも主犯格は逮捕されていない上司の看護師長だった（第三者委員会報告書・公表版では「甲」と非公表版では実名で特定されている）。そしてそのような体質が藪本雅巳＝大澤次郎の金儲け第一主義がもたらしたものであったことは明白である。

これは証拠のあることではないが「安倍トモ」であることが自慢で権力を笠に着た藪本雅巳に威圧されて神戸市も兵庫県も楯突くことができなかったという可能性は十分にある。

この事件は、「モリ・カケ・サクラ」に匹敵する一大疑獄事件だ。「モリ・カケ・サクラ」にも赤木俊夫さんという犠牲者がいるが、神出病院事件には大勢の被害者がいるし、不自然に多い死亡者の責任は、藪本雅巳の背後にいた安倍晋三元首相・自民党・公明党政権にもあるというべきだろう。

そうでなくとも、日本精神科病院協会・山崎學会長が莫大な政治献金と政治力を背景にして、厚生労働省をも支配しているという事態が最近の「第一〇回地域で安心して暮らせる精神保健医療福祉体制の構築に向けた検討会」で発覚したばかりだ。

誰にとっての安心なのか主語のはっきりしない検討会だったが、呼ばれてもいないのに押しかけて発言した日精協会長山崎學の一時間以上の放言・恫喝と厚労省官僚や研究者たちの翼賛発言で、この検討会の目的が精神障害者にとっての安心ではなくて、精神障害者を治安的に管理することによる地域の「健常者」が「安心して暮らす」ことであることがはしなくも露わになった。

この背景は後述する。

神出病院の藪本雅巳前理事長や大澤次郎元院長は、背任罪、傷害罪、暴行罪、傷害致死罪（四一％という高い死亡退院の責任）などを問われるべきである。無念の思いで重度の内科的疾患の治療が遅れて亡くなっていった患者たちや虐待を繰り返された患者たちに対しても、絶対に彼らに責任を取らせなければならない。

二〇二二年一〇月二〇日、神出病院をなくすために、ひょうせいれん（兵庫県精神障害者連絡会）は監督官庁である神戸市と交渉を行なった。ひょうせいれん側は支援を含めて五人参加、市側は健康局保健所保険課課長他計三人。

神戸市交渉で、神出病院の現在の入院者は約四六〇床中の二八六人（事件発覚までは満床）、うち退院希望者は一一一人だが退院できたのは一九人、転院希望者は内科に転院できた人がいて（神戸市は人数把握せず）、現在五人が転院希望だができていないことが分かった。

神戸市は、「今の院長は頑張っている。看護師でも頑張っている人がいるから改善されるのを待ってほしい」などと僕たちを説得しようとするふざけた立場だった。また「神戸市は精神保健福祉法でできることは全てしている」と法律の限界を言い訳にする立場のように見えた。

僕たちは、「こんな病院はなくさないといけないという共通の立場に神戸市も立ってほしい。

今の院長には病院を改革したくても権限がないと第三者委員会報告書に書いてある。看護師、看護助手総数一一〇人中の二七人が加害行為をしていた中で、残りの人が虐待を知らなかった善意の人たちだとは信じがたい。理事会に藪本が理事長退任後に入れた自分の妻や子どもたちは今でも理事や評議員をしているのか」などを追及した。今の院長は頑張っていると説得しようとする神戸市の立場は突崩すことができたが、こんな病院はなくさないといけないという共通の立場には立ちきれない様子だった。神戸市は藪本雅巳の妻が今も理事長代理をしているのかどうかは知らない、把握しようとしていないという無責任ぶりを露わにした。理事会の権限が大きく現院長（理事の一人でもある）には権限がない状態が改善されているとは神戸市は言えなかった。兵庫県の権限であることが何かも分かったので、次は兵庫県交渉を行なう。

神戸市は、こんな病院をなくせという声は他からも届いていると言う。この交渉で兵庫県の精神障害者たちが神出病院をなくすことを求める強い意志を持っていることは十分に伝わったと思う。交渉を今後も継続することを約束して交渉は終わった。

僕たちは神出病院の解体を実現し、藪本雅巳、大澤次郎らに責任をとらせるまで、追求の手をゆるめることはない。より多くの精神障害者らと医療労働者らの力を合わせて、非道なことをすれば必ず罰せられるのだということを示していかなければならない。こんな悪徳病院はもちろん、精神科病院を全て解体するまで闘いぬく決意をひょうせいれんのメンバーたちは固めている。

第三章
差別の構造・資本主義社会と障害者差別

日本の資本主義的発展と障害者

徳川幕府の悠久の時代に安寧に暮らしていた日本人は、明治以降の急激な資本主義化の時代を迎えたが、国際的には帝国主義時代であり、日本も帝国主義国家として自己を形成した。日本は資本主義の本源的蓄積を江戸時代の手工業的生産で長い時間を掛け徐々に蓄積した時代から、明治時代の開国によって一気に近代化を推し進め、女工哀史の製糸工業などの「殖産興業」を勃興した。同時に「富国強兵」政策によって軍事力を増強し、帝国主義列強に加わろうとした。それは国内においては長時間労働、低賃金と重税をもたらした。朝鮮はたえず侵略の対象だった。また沖縄に対しては琉球処分によって日本の植民地とした。

資本蓄積と軍事力増強は民衆の反感を買い、加波山蜂起、秩父困民党蜂起など自由民権運動が高揚した。日本帝国主義は天皇を神格化し異論を許さない形で国民統合を図ると共に、幕末の王政復古で復活した天皇制を否定する思想や運動を圧殺する「不敬罪」によって治安維持を何よりも重視した。外へ向けての侵略と内へ向けての収奪と弾圧で始まったのが、「文明開化」という日本の〈近代〉だった。

明治近代という治安国家化の中で、明治維新後に西洋から移入された「精神医学」は精神障害者を治安管理の対象として取り締まった。精神病院では精神障害者は足枷、手鎖で拘束された。一般人は家族に精神障害者がいると自宅に監置小屋を作って収容しなければならなかった。私宅監置は一九五〇年の精神衛生法制定まで続いた。沖縄では一九七二年の本土復帰まで精神障害者の私宅監置小屋があった。

その頃の「精神医学」とは名ばかりで、医療ではなく治安維持を目的とした隔離・収容だった。西洋医学が魔女狩りを引き継いでいたように、精神障害者を人間ならざるものとして隔離・収容したのだった。今日の日本における精神障害者差別の歴史はここに始まった。

このように西洋からもたらされた「精神医学」によって精神障害者を人間ならざるものとして受容していく過程は、資本主義的価値観の移入と同時期だった。資本主義で人を動かす動機は価値増殖だ。「資本」とは資金を生産過程に投げ入れ労働力によって商品を生産し、販売して生産や流通に投入した以上の資金を回収して価値増殖する過程のことだ。「資本」とはこのようにして価値増殖して資金を増やし、再び生産過程に投入して労働力で商品を生産し、市場で販売し、資本の価値増殖をしていくという一連の運動のことだ。しかも絶えず価値増殖していないと死に絶えるのが資本の運動だ。資本家たちは強迫観念に駆り立てられるようにこの「金摑《かねつか》み競争」に身を投じる。資本家にとっては自らの家族や子どもたちも資本主義的価値増殖に役立てる道具である。日本の資本主義的発展が女工哀史によって始まったように、国策としての殖産興業、富国強兵を旗印に資本家は労働者の生き血を吸う吸血鬼のように資本の価値増殖を強力に推し進めたのであった。

資本主義社会にとって資本の価値増殖の役にたたない者は社会的に存在価値がない。資本主義の勃興期には、障害者は労働者家族に扶養されてのみ生存が許された。この抑圧は労働者階級のみならず障害者自身の心身に内面化していった。障害者は自らを「社会（家族）のお荷物」として差別し抑圧する価値観に縛られ、社会と教育を支配する資本主義的価値観から障害者自身も自由ではない。さらに障害者家族は資本主義的価値観で障害者を支配する。「働かざる者食うべからず」というイデオロギーは障害者家族や障害者自身も簡単に逸脱できないほど強固なものだ。

この言葉の由来は、『新約聖書』の「テサロニケの信徒への手紙二」三章十節に「働こうとしない者は、食べることもしてはならない」という一節があることからきている。聖書の正しい理解としては、ここで書かれている「働こうとしない者」とは、「働けるのに働こうとしない者」であり、病気や障害、あるいは非自発的失業により「働きたくても働けない人」のことではないとされている。

しかし、およそ障害者であってこの言葉を投げつけられて、「恩恵で生かしてやっているんだ」

と罵倒されなかった者がいるだろうか。今でこそ障害年金は障害者にとっては権利だと意識されているかもしれないが、多くの障害者は障害年金では足りずに生活保護を利用している。保守派や自民党による生活保護利用者を「社会のお荷物」視するバッシングは、もろに障害者を直撃している。「保護」というネーミング自体が「恩恵で生かしてやっている」というニュアンスをもっている。自民党の大物政治家である片山さつきは「生活保護を恥と思わないのが問題」などのバッシングを行ったが、同様の発言を自民党の世耕弘成や日本維新の会を支える橋下徹なども行ないバッシングに加わった。

実際「生活保護を利用するくらいなら飢え死にした方がましだ」と考える人びとは多い。生活保護費以下の収入しかないのに生活保護制度を利用していない人が利用者数の四倍もいるのだ。およそ「憲法二十五条で保障された生存する権利」とはほど遠いのが現状なのだ。

レーニンのような社会主義者でさえ、この「働かざる者食うべからず」のスローガンをロシア社会主義連邦ソビエト共和国憲法に書きこんだ。

障害者、精神障害者はそれほど根強いスティグマ（恥の観念）を強いられているのだ。「働かざる者食うべからず」のスローガンは資本主義的生産の役に立たない者は資本にとって存在価値がないという価値観のことだが、障害者を締め付けている強固なイデオロギーだ。

障害者雇用促進法の矛盾

障害者雇用促進法という法律があるではないかと言う人もいるかもしれない。確かに企業や役所は障害者雇用率を守らないといけない。しかしこの法律に違反したとしてもたいした罰則があるわけではない。雇用率を満たさなくてもわずかな金銭的負担をすれば済む。企業は障害者を雇用するか納付金（罰金ではない）を納めるかのどちらが負担が少ないかで選択する。民間企業の障害者の法定雇用率は二・二％である。法定障害者雇用率を達成していない場合の納付金は、法定人数から不足している障害者一人あたり月額五万円を負担すればよい。ただし、障害者雇用の義務は、従業員が四五・五人以上の企業に課されるが、納付金の対象となる企業は、常用労働者が一〇〇人超の企業規模の企業だけだ（人数に端数があるのは非正規雇用労働者一人を〇・五人と数えるため）。

言うまでもなく日本には圧倒的に中小企業が多い。常用雇用ではない非正規雇用も多くなっているから対象外の企業が多い。

また障害者を雇用すると人数に比例して助成金が支給される。多くの大企業では障害者雇用専門の子会社を作り、低賃金で軽度の障害者を雇用している。障害者雇用の助成金を含めれば多くの利潤が生まれるようにしているのだ。重度障害者を職場にまったく行かせない勤務形態で、自宅でやってもやらなくても良い軽作業を命じている企業もあるが、重度障害者は障害者二人分にカウントされる。この場合の重度障害者には労働することによる喜びなど全くないことは言うまでもない。

中央官庁が長年にわたって障害者雇用率を達成しているという偽装をマスメディアに暴露された。官庁の法定雇用率は二・五％だ。二〇一八年に障害者手帳を持たない人を多数、障害者としてカウントしていたことが暴露された。さまざまな福祉制度の谷間で手帳を持てない障害者は多いが、そういうケースではない。メガネをかけているだけで視覚障害者にカウントするという偽装を自覚的に行なっていたのだからたちが悪い。監督官庁のトップである厚生労働省自体が率先して不正を働いていた。

障害者雇用では、民間企業と監督官庁の力関係は企業が官庁を圧倒している。なぜなら監督官庁は企業に対して、「障害者を雇用していただいている」という弱い立場だからだ。障害者を雇用してもらえば、監督官庁は上位局に対して「うちが監督している企業は障害者雇用率を満たしている」と報告できる。逆に監督している民間企業が雇用率を満たしていなければ、監督官庁は上位局からの採点を悪くされて出世にもひびくのだ。これでは「監督」官庁は企業を監督できるどころか障害者を「雇用していただくための御用聞き」と同じ対応力しかない。

このように障害者雇用の実態が転倒した構造になっているのも、民間企業にとっての障害者の雇用「義務」の実態が資本家たちが考えもしない「善意」に頼っているからだ。資本主義社会の蓄積構造にふさわしい「助成金」と「納付金」という利益誘導で「動機づけ」をしているが、それは資本の価値増殖と蓄積の原理を第一前提としており、その範囲内でごまかしていればいいと企業が考えるのは当たり前だ。障害者雇用促進の現状は障害者と「健常者」との共生社会の実現とはほど遠いのが現実だ。理念においても「共生社会」実現のためではなく、障害者を資本の利潤追求の対象にしているだけである。


僕がなぜこんなことを言うかというと、ある大手民間企業において精神障害者の解雇事案が発生したときに、監督官庁に何とかならないかとお願いしたときの経験があるからだ。労働基準監督署は、その企業は障害者雇用率を満たしているから、精神障害者を障害者であるというだけの理由で解雇した事案であっても障害者差別にあたらないと主張した。

会社側の主張は、「わが社は障害者雇用率を満たしているから障害者差別はしていない。業務効率を追及するのが民間企業だ。したがって休みが長びいている精神障害者の解雇は正当なものである」という主張だった。企業と監督官庁が解雇された精神障害者に対して同じような主張をしたわけだ。この企業も軽度の知的障害者を子会社で雇用して雇用率を満たしていた。そこで雇用されている知的障害者にはそれなりの幸せがあるだろう。しかし、親会社では無理な仕事の仕方で精神障害になる人が後を絶たず、これらの精神障害者を「合法的」に解雇するための就業規則が存在していた。このような本気で障害者の雇用を守る気もない、ペテン的な「障害者雇用促進法」制度のどこが共生社会の実現なのだろうか。

　このように、障害者雇用促進法は障害者差別の矛盾を塗りかくす「大衆のアヘン」に過ぎない。

障害者作業所運動と労働運動の関係

　僕の周りの人たちにもあまり知られていないことだが、僕は最高裁で解雇が確定した後に、精神障害者の作業所を作った。行政に補助金を求めて交渉をしたが、行政は、作業所として助成金等を出す条件として行政の言うなりになることを求めた。自主的・主体的な作業所を目指して交渉が難航し、ある重度障害者が机を叩いて怒ったら、行政の担当者は「そんな態度なら帰る」と言って出て行こうとした。行政の精神保健担当者がとりなして席に戻ったが、作業所担当の役人は要求を引き下げなかった。

僕は障害者作業所はコミュニズムの原基である「コモン」（社会的共有財）の一つだと思う。若手のマルクス主義者である斎藤幸平は「コモン」の拡大でコミュニズムを目指している。斎藤幸平は現東大准教授で哲学者、経済思想家として評価が高い。『大洪水の前に マルクスと惑星の物質代謝』『人新世の「資本論」』などの著書がある。僕は斎藤幸平の「コモンの拡大でのコミュニズム」という方法論では弱く、資本家階級の国家権力を打倒する乾坤一擲の闘いが必要だと思っている。それを担う現在的「陣地」としてコモンがあると思う。いずれの意味においてもコモンを拡大しなければならないことに変わりはない。

僕たち精神障害者がコモンとして作ろうとした作業所を、行政はあくまで行政の下部組織としてしか助成金を出さないと言う。運動体（兵庫県精神障害者連絡会・ひょうせいれん）はそんなことは嫌だから、まずは自前の作業所を作って、それを行政に認めさせようということで進めはじめた。数か月、作業所の集まりをもっているうちに、「キーサン（「きちがい」の略だと彼らは言っていた）革命」を自称する外部のアナーキストの精神障害者グループが主導権を握ろうとして介入してきた。「キーサン革命」グループに引っ張られたメンバーが離脱して作業所は空中分解してしまった。ひょうせいれんの他のメンバーは、居住地が広域だったので作業所建設は現実的ではなくなった。いまはひょうせいれんは広域の患者会として二か月に一度、集まりをもっている。これも「コモン」の実践だと思う。

もっと早い時期からはじめた障害者作業所で、「コモン」という理屈抜きで実質的に「コモン」=社会的共有財として作られたところは多い。昔からある殆どの障害者作業所は障害児の親が自分の子どもの学校卒業後の進路として作った。それが大きな作業所へと発展したところが多い。最初から金銭勘定抜きで、子どもたちの幸せのための運動だった。コモンとかコミュニズムとかの理屈は考えていなくても、子どもの幸せのためであれば、「共有財」としてのコモンの実質を備えていた。

障害者運動の発展と共に、国家権力と資本家たちは「共有財」としての作業所に介入し始めた。障害者作業所を国家と行政のコントロール下に置こうという介入であり、資本家にとっては最初から金儲けを目的とした作業所建設だった。せめぎ合いの始まりだった。行政は主に予算配分を武器にして介入した。支配をかわして実質だけをとった作業所も多かったが、僕が作業所を作った二一世紀初頭頃には、行政は自分たちの支配下に置こうという意志が強かった。その結果として、今日では、金儲けを目的とした作業所の方が多く目につく。

障害者運動は、このような障害者の権利運動を資本家と国家権力の支配下に置こうという攻撃に敗けていたのではない。今日、僕たちが完全実現を求めている「骨格提言」に結実される障害者の闘いがあったし、それを亡き者にしようとする民主党政権や自民党・公明党政権に対する営々とした障害者の闘いがある。

「骨格提言」というのは、二〇一一年に民主党政権下で福島みずほ議員が担当大臣となって、「障害者権利条約」や「障害者自立支援法違憲訴訟の原告団・弁護団と厚生労働省の基本合意文書」を国の政策に反映させるために作られたものだ。僕たち「大フォーラム実行委員会」の仲間の山本眞理さん（当時「全国『精神病』者集団」窓口係）をふくむ障害者の代表などが参加して作られた「障害者総合福祉法の骨格に関する総合福祉部会の提言」だ。

それは障害者が他の市民とともに一生にわたって地域で普通に暮らしていくための政策集をまとめたものだ。民主党政権下で作られたが、制定後、提言の実現を期待していた障害者らを民主党政権は裏切った。自民党・公明党政権はさらに酷かった。

現在、僕も事務局員として参加している『「骨格提言」の完全実現をもとめる大フォーラム実行委員会』が大衆的規模で作られている。二〇二一年の大フォーラムには「全国青い芝の会」の会長や知的障害当事者の全国団体である「ピープルファースト・ジャパン」の会長など多様性をもった各種の障害者が発言した。

障害者運動で直接的にコミュニズムをめざしている人たちは少ない。しかし、障害者作業所運動は本質的に共有財という意味での「コモン」（社会的共有財）を求める運動であり、障害者と「健常者」の共生社会を求めている。本質的に僕たちがめざす共生社会は資本家階級とは両立できない。共生社会の実現のためには労働運動の側からの連帯と生活防衛の闘いこそが求められている。必要なのは労働運動の側からの連帯行動であり、僕たち障害者のするべきことは、障害者運動をプロレタリア革命運動に利用しようとするあらゆる傾向と闘い、労働運動の側からの連帯行動を創造するために闘うことだ。決してその逆、すなわち障害者運動をプロレタリア革命運動の目的のために利用することがあってはならない。

障害者運動が本質的にコモンを作り、それがコミュニズムに発展するべき実質をもつことは確かなのだが、そのことをもって障害者運動をコミュニズム実現の目的のために利用していいということにはならない。むしろその自然成長性に任せるべきなのだ。カール・マルクスが労働者階級の運動の中に期待した自然成長性だ。僕たちプロレタリア革命運動に属する障害者は障害者運動の自然成長性が歪められないように、そして労働運動の側からの連帯行動を創造するために闘うべきだと思う。

わざわざこんなことを言うのは、僕の属した旧来のボリシェヴィキ左翼が行なってきたことは、プロレタリア革命の目的のために障害者運動を含むあらゆる社会運動を利用することだったからだ。それが「マルクス・レーニン主義」左翼の所業だった。そしていまでは僕はそれがカール・マルクスの言説にはまったく反したことだという自覚に立っている。

僕たちプロレタリア革命運動に属する障害者は、障害者運動との関係性ではマイナスの出発点に立っていることを自覚しなければならない。僕は僕たちが実現すべき運動を「兵庫県精神障害者連絡会」や「大フォーラム実行委員会」、「兵庫障害フォーラム」という大衆的運動の中で実践してきた。あるボリシェヴィキ左翼の精神障害者が「ひょうせいれん」の定例交流会に参加した時に、その民主主義的運営に驚き、「これが民主主義なのか。いまのいままで民主主義を知らなかった」と言ったことがある。

これらの運動に参加してもらうことが、障害者運動とプロレタリア革命運動の本当の意味での関係性を理解してもらう道だと思う。僕自身、ボリシェヴィキ左翼としての過去を総括して真正マルクス主義者として立つことによって、あらたな創造の道へ決意を込めて踏み出そうと思っている。

第四章
重層的差別の構造

意志なきものとされている障害者

歴史的に人間外の存在だとされてきた被差別部落民や、資本主義化時代から植民地支配下に置かれてきた人びと、在日朝鮮・中国人民など、江戸時代から薩摩藩に支配されて明治時代には植民地支配された沖縄県民（民族）など、あるいは、もっと古くから征服されたアイヌ民族などの民族的差別諸関係が日本には存在する。

さらにそうした人びとのなかにも障害者・精神障害者がいて重層的な差別構造の下に置かれてきた。それらの二重の差別下におかれた人びとは日本人の一般民の障害者・精神障害者よりも重い差別の下に苦しんできた。在日外国籍無年金障害者はその一例だ。日本に住む外国籍を有する人は、障害認定日・初診日・国民年金保険料納付などの要件を満たせば、障害基礎年金、国民年金を受給できる。しかし、一九八二年一月一日時点で二〇歳を超えていた在日外国人障害者及び一九八六年時点で六〇歳を超えていた在日外国人高齢者は国民年金加入の対象とされなかったことから年金を受給することができない。

この問題は、日本が一九八一年に難民条約（難民条約は一九五一年に採択された「難民の地位に関する条約」と一九六七年に採択された「難民の地位に関する議定書」の二つをあわせたもの）を批准（一九八二年に発効）したことに伴い、一九八一年一二月三一日に国民年金法の国籍要件が撤廃された際に、それまで国民年金制度に加入できなかったために年金を受けることができなくなってしまった在日外国人に救済の経過措置を行わなかったという制度不備によるものだ。兵庫県と兵庫県下各自治体など、一部の自治体では在日外国人無年金者に対し福祉給付金等の支給による一定の救済を図っているが、一部に止まり、国による抜本的解決が望まれる。

日本の障害者施策においては、障害者・精神障害者・知的障害者は本人の意思がない存在だと決めつけられていることが多い。多くの場合、行政にとっては障害者は一人の主体とは認められず「してあげる」対象だ。現行制度では「障害程度区分」を言い替えただけの「障害支援区分」認定によって、受給できる支援内容が決定される。酷い場合には、住まいの行き先が行政によって決定されるということも検討されている。重度障害者であればあるほど多くの障害者が山奥の大規模コロニーや精神科病院に収容されている。地域で、親元からも自立して暮らす重度障害者は障害者の数に比してほんの一部でしかない。収容された先の施設や病院で本人の意思が聞かれたためしがない。街角でも障害者と出会い、用事のある人の多くは障害者本人の意思ではなくて介護者に意思を聞くことが殆どだ。

日本政府の障害者政策は傷痍軍人対策が始まりだった。一九四八年に始まったパラリンピックがイギリスの傷痍軍人のアーチェリー大会から始まったことは有名だ。日本政府は傷痍軍人にたいして棄民政策をとったが、少しはケアもした。多人数が発症した「戦争精神病」者は、精神科病院に送られ棄民された。死ぬまで精神科病院から出られなかった人は多い。二〇二一年一月、最後の戦争精神障害者が精神科病院で亡くなった。（二〇二一年八月二六日、NHKWEB特集『50年間、口外してはならない 極秘調査・兵士たちの〝心の傷〟』に詳しい。）

僕の子どもの頃まで、駅頭でアコーディオンを弾きながら物乞いをしている手や足のない傷痍軍人が見られた。日本軍兵士として動員された朝鮮人兵士には何の戦後補償もされなかったから、そういう人たちだったのかもしれない。子どもだった僕にはその人たちが朝鮮人だという認識はなかったが、戦争に行ったらこういう日にあうのだという強い印象が残った。日本人傷痍軍人に対しては「恩給」だけではなくて、リハビリテーションが行なわれた。それが日本における障害者施策の始まりだと言われている。

だから、日本の障害者施策は、本人の意思が明確に表示されることを前提にしてきた。障害者の中でも、脳性麻痺や知的障害、精神障害、自閉症などの意思表示がし難いと見なされた障害者は事実上、棄民化されていた。

精神障害者が国の障害者福祉介助制度の対象になったのは障害者自立支援法が始まった二〇〇六年のことだ。一九九五年に何の中身もない紙っぺらな障害者手帳が与えられたことが、精神障害者福祉の始まりだと主張していたごく一部の人たちもいたが、僕は奴隷頭の人たちだと思っている。

僕が居住する兵庫県尼崎市では二〇〇六年以前（おそらく二〇〇〇年ころ）より精神障害者への独自の介助制度が始まっていたが、厚生省大臣官房障害者福祉部長通知によるものらしい。

知的障害者に対する施策は親の意思が大きく影響していて、当事者の意思が尊重されることが少ない。脳性麻痺者に対しては言葉が聞きづらいからと、初めから聞こうとしない人が多い。障害者が言うことはたとえ分かりにくくても本人の意思を尊重するのが障害者差別解消の第一歩だ。このことを「傾聴」という言い方もするが、それを理解しない人が左翼の中にも多い。そういう人たちは左翼的な人たちを含めて差別主義者だと言わねばならない。

僕は自分自身が解雇されて解雇撤回闘争を闘う中で、「重度脳性麻痺で自閉症で重度知的障害」という障害児と出会った。その介助者が彼の発する、僕には「あ〜、う〜」と聞こえる言葉から彼の意思表示を理解することに驚いた。同時に、分からないと思った自分を恥じた。

その強烈な印象が後の「青い芝の会」メンバーとの交流に活かされた。京都大学の学生運動は大学の熊野寮の中で生活していた「青い芝の会」メンバーの介助をしていたから、その辺りの機微を理解した人が多かった。だが、学生運動の幹部は介助に入らなかったから、ずっと長いこと障害者との関係を築けないままだった。

マルクス主義から障害者を遠ざける差別用語

障害者・精神障害者は昔から「不具者」「かたわ」「きちがい」「ばか」「あほ」と人間ではない「人以下の者」とされてきた。民族的差別とは闘ってきたマルクスやレーニンの著作物にも、人を罵《ののし》る時にこれらの障害者差別の言葉が使われている。それだけではないが、マルクス主義では障害者は解放されないと思っている障害者は多い。

僕は、自分が差別なんてしていないと思っているマルクス・レーニン主義者ほど根深い差別主義者だということを多く経験してきた。ほとんどのマルクス・レーニン主義者は自分が人よりも優れていると思っているから、それだけでも十分に差別者の素質がある。マルクス・レーニン主義者はマルクスやレーニンの差別用語を無批判に我が物としてきた。レーニンの『左翼小児病』という差別文書は多くのマルクス・レーニン主義者にとって必読文献とされてきた。レーニンの差別言辞を無批判に受け入れたことで立派なマルクス・レーニン主義者の一丁上《いっちょうあ》がりというわけだ。最近では本のタイトルを『左翼空論主義』と言い替えたりしているが本質を変えることではない。

共産主義組織論の根幹である「指導」「被指導」関係というレーニン主義の基礎概念からして差別的要素を含んでいる。僕は「共感」ということを人との関係形成の基本概念にしている。これは対等な人間関係の基本だと思っている。これに対して「指導」は人をランク付けして指導者が上で何もかも分かっている上等な人間で、被指導部は何にも分かっていない「ばか」な奴というわけだ。これがレーニン主義者が実際にやってきたことだ。だいたいのレーニン主義者が人に嫌われているには理由があるのだ。

過去に僕が出会った人で自分が上等な人間だと思っているような奴にろくな人間はいなかった。僕が関係したレーニン主義者の党ではよく情報操作が行なわれていた。指導部だけに本当のことを伝え、被指導部にはフェイク情報を与えるということが日常的に行なわれていた。「ばかな」被指導部に本当のことを教えたら、党から逃げるとでも思っていたのだろう。

僕はこの党の指導部だけにはなるまいと思っていた。指導部になって差別者にならないでいる自信はなかったし、この差別的党風を体現していた人物を糺せという意見具申を何度しても握り潰されたからだ。結局、障害者戦線の責任は引き受けたが、それはこの党風を変革したかったからだ。

いま僕は「マルクス・レーニン主義」を正面から否定している。それがスターリンによって編纂・改竄された内容だからだ。だからロシア革命も否定していると思われがちだが、それは違う。ロシア一〇月革命は「プロレタリアート独裁」ではなくて「労農独裁」で行なわれたという事実を主張しているだけだ。一九一八年までの労農独裁である労農評議会＝労農ソビエトは正しい道だったと思う。その後に行われたレーニンによるプロレタリアート独裁が間違いなのだ。

レーニンは、貧農たちをプロレタリアートと規定していたという説があるが真偽のほどは分からない。レーニンはプロレタリアート独裁を敷いたが、ロシアでは農民が八割を占めており、工業プロレタリアートは極少数派だった。革命後の全ロシア農民ソビエト大会の代議員数では、ボリシェヴィキは九一議席、左翼エス・エル（社会革命党）は、三五〇議席で第一党だった。エス・エル右派はやはり三〇五議席で第二党だった（議席数は『レーニン全集二六』による）。

第一党の左翼エス・エルとボリシェヴィキが連立内閣を構成したのが革命後の労農ソビエト政権だ。左翼エス・エルは労農独裁を主張していた。マルクスが構想したロシアでの革命は、農民が多数を占めるロシアでは、ナロードニキによる農民革命だった。だから左翼エス・エルが主張した労農独裁こそがマルクス主義正統派と言えるかもしれない。

マルクスの主張したプロレタリア独裁は西欧において圧倒的多数者のプロレタリアートによる極少数者のブルジョワジーに対する専制的な侵害・抑圧のことだった。ロシアのような多数派は農民である国で少数派のプロレタリアートによる独裁というのはマルクスの考えたこととは全く違う。そもそも「マルクス・レーニン主義」というのはスターリンの造語でありマルクス主義の改竄でしかない。

なぜレーニンは「プロレタリア独裁」を敷いたのか。一九一八年にドイツの過大な要求をのんで第一次世界大戦の東部戦線を終結したブレスト・リトフスク講和条約をめぐって、左翼エス・エルは革命戦争としての戦争継続を主張して、講和を主張するボリシェヴィキと対立した。左翼エス・エルは閣僚を引き上げたが、連立が決定的に壊れたのはこれより少し後のことだった。ブレスト・リトフスク講和条約によって穀倉地帯であるウクライナを失ったことでロシアの工業都市は飢餓に陥り、ボリシェヴィキが戦時共産主義を打ち出し農民からの強制的食料徴発を始めたことで対立が決定的になった。左翼エス・エルとボリシェヴィキは決裂した。

同年、レーニンは銃撃されて負傷した。犯人は左翼エス・エルだとされたが実際は違った。それにも拘らず、この後、レーニンは赤色テロルを振るった。その対象は反革命とされた左翼エス・エルや食糧徴発に抵抗した農民たちだった。農民たちは種もみまで取り上げる過酷な徴発に必死で抵抗したが、ボリシェヴィキの秘密警察チェーカーは無慈悲に抵抗する農民たちを虐殺した。レーニン存命中だけでも、数十万人が反革命として殺された。「気がおかしい」とされて精神科病院に送られたり、収容所に送られた政治犯も多い。（『レーニンの秘密』（原題は『レーニン　新しい伝記』）ドミートリー・ヴォルコゴーノフ著、一九九五年、日本放送出版協会、を参照）。

スターリンは独裁を維持するために数千万人を殺害し、多くの政敵を精神科病院やラーゲリに送ったが、その根っこはレーニン時代のボリシェヴィキに始まっている。

政治犯を精神科病院に送るというのは意識的差別行為だ。スターリンはグルジアの少数民族出身であり、被差別民が差別主義者になった実物標本でもある。

今日においてのプロレタリア革命の方法論は帝国主義世界体制とそれを補完するスターリン主義を打倒する世界革命とその一環としての日本革命しかないと思う。マルクスが差別用語を使ったことは非難されるべきだが、当時はまだ「障害者解放」という概念がなかったからだとも言える。それは修整可能だと思う。しかし、レーニンは精神障害者差別を支配のための道具に使い、それはスターリンによって拡大・純化された。革命の実現のためには、マルクスの人間解放の思想の復興によるマルクス主義の刷新が必要ではないだろうか。

「格差社会論」の罠――階級社会の真実

いまの社会は「格差社会」だと言われる。いまの社会には貧富の格差が大きいことをとらえた表現だ。この場合「結果の不平等」が問題にされている。あたかも機会は均等であり、平等に競走した結果として、不平等が生じているかのように言われる場合が多い。がんばった人が報われて、努力が足りなかった人が貧困になっている社会だととらえる人も多い。従って、今の教育論はがんばって良い幼稚園に行き、良い小学校に行き、良い中学、良い高校に進学し、東京大学に合格することが人生の最善の道だと教えている。そうすれば大企業に就職でき、あるいは高級官僚になって「上級国民」になれると教える。いい大学にも大学や高校にも行けず「社会の敗北者」になるのは「自己責任」だと子どもの頃から刷り込まれる。この刷り込みの結果、「格差社会論」では資本主義には支配階級と被支配階級の階級関係がある真実は見えにくくされている。

現体制に逆らう者たちは国家警察・公安部の監視下に置かれていることはよく知られている。しかし、警視庁公安部は「過激思想家」だけを監視していると思っているのは、よほどのお人好しだ。いまの日本国家は「エックスキースコア」というコンピュータ装置でSNSをはじめ電子ネットワークを幅広く常時監視している。（ＸＫｅｙｓｃｏｒｅ（エックスキースコア）は、世界中のインターネット上のデータを検索・分析するために米国国家安全保障局（ＮＳＡ）が使用するコンピュータ・

システムである。その存在は、二〇一三年七月に元NSAの諜報員エドワード・スノーデンによって暴露された。あるNSA下級分析官は「電子メールであれ、電話での会話であれ、閲覧履歴であれ、マイクロソフト・ワード文書であれ、望むものは全て傍受することができる」と語った。）

公安部が反社会的、反国家的、反資本主義的とみなしたキーワードが発せられると、その個人を特定して、彼ら彼女らのスマートフォン、パソコンに侵入して情報を盗み取り個人の危険度を判定している。そして国家が危険とみなした人物を常時監視下に置いて監視している。スマートフォンの位置情報を監視して国家が好ましくないとみなした集会などに行けば危険人物だとラベリングされる。

この事実はエドワード・スノーデンが暴露して本や映画にもなっている。スノーデンは、日本国政府に「エックスキースコア」が提供された事実を証言した。その装置を使ったのか使わなかったのかは不明だが、全日本建設運輸労働組合関西生コン支部がEメールを盗聴されて組織的大弾圧を受けたことは有名だ。

このようにして今の日本の階級間格差は維持・持続され続けている。

では「上級国民」になれなかったのは、本当に「自己責任」なのだろうか。勉強ができないとは「自己責任」なのだろうか。イギリスでは資本家の子どもは代々資本家で、労働者の子どもは代々労働者だと言われている。イギリス社会の階級間では使う言葉も違う。アメリカ合衆国では超一流大学に行っているのは資本家や企業経営者、高級官僚の子どもたちが殆どだそうだ。日本でこの階級間格差問題を調べた統計を知らないが、身の回りで経験してきたことはイギリスやアメリカ合衆国と同じだ。日本では大企業は母子家庭の子どもを採用しないところが多いと言う。貧困家庭の子どもほど教育の機会均等から遠ざけられている。塾に行かずに東京大学に行った子どもはいったい何人いるのだろうか。

こうして貧富の格差は子どもの将来にまで引き継がれていく。貧困家庭の子どもは将来も貧困であり、金持ちの子どもは将来も金持ちになれる。例外もあるから教育熱が煽られる結果になっているが、例外はあくまで例外だ。

このように格差社会を「機会の不平等」にまで遡《さかのぼ》って分析するときに、「階級社会」と呼ぶ社会が見えてくる。ある階級に属する一族は世代を貫いて同じ階級に属する。そしてこの階級を分析すれば生産手段の所有者と非所有者に分かれていることはすぐに分かる。生産手段を所有する資本家階級に属するか、生産手段を持たない労働者階級と無産者階級に属するかだ。中間に位置する人びとはそのどちらの陣営に従うかだ。下級官僚や企業の中間管理職になって資本家階級中心の国家を作る駒の一つになるのか、労働者階級の陣営に属して貧困の中にあっても幸福を見出すのか、どちらかだ。

どの階級に属するかは幸福感の格差を意味しない。資本家は金儲けの原理に追い立てられて、朝から晩まで金銭勘定に明け暮れ、一生金儲けしか考えることができない。自分の子どもたち、妻たちも金儲けの道具としか見なせない。そのような人生を幸福な人生と言えるかどうかは人による。労働者階級は資本家階級に比べて相対的に貧乏だということと、そこに幸福感を感じるかどうかについても相関関係はない。不幸な労働者もいれば幸福な労働者もいるというだけだ。僕は資本家階級打倒の闘いをしていることに充足感があるし、家庭的にも生活は充実していると思っている。金がないことが幸不幸のバロメーターだという価値観にとらわれたら、不幸だということになるだろうが、僕はそんな価値観をもって幸不幸を判断していないから別にお金がなくとも不幸だとは思っていない。

国家間の一人あたりの国民総所得の多寡と、国民幸福度を指数にした場合、そこに相関関係がないことは明らかだ。世界各国の幸福度ランキングを示した国連の「世界幸福度報告書」二〇二一年版が二〇二二年三月一九日に発表されたが、フィンランドが四年連続で一位となった。二位はデンマークで、スイス、アイスランド、オランダと続いた。このランキングはアメリカ調査会社ギャラップのデータを元にまとめられた。一四九の国と地域を対象に、自分の幸福度を評価してもらった。社会的支援や個人の自由、国内総生産（GDP）、汚職の深刻さといった指標も考慮されている。日本は五六位と低位になっている。日本人としての実感からしても当たり前だと思う。

一人あたりの国民総所得は、一位スイス、二位ノルウェー、三位ルクセンブルク、四位アイスランド、五位アメリカ合衆国、六位カタール、七位アイルランド、八位デンマーク、九位シンガポール、一〇位スウェーデンであり、日本は一〇位以内に入っていない（総務省統計局二〇二一年版。二〇一九年の統計では日本は二八位）。

どちらも上位に入っているのはスイス、アイスランドくらいだ。金持ちが幸福だというわけでないことはこの統計からも明らかだ。ちなみに日本人は国としては金持ちの割には国民の幸福感が低い。僕たちの実感として納得がいくランキングではないだろうか。

僕は階級というものの廃絶をめざしている。他人の労働を搾取して寄食している資本家階級が一人もいなくても社会は運営できるし、「支配する」階級はいない方が良いに決まっている。資本主義国家には階級があり、階級を廃絶するには資本家階級と国家権力の独占（独裁権力）を打倒して国家を廃絶するプロレタリア革命しか方法はない。

いま、世界中では階級社会を廃止した国はキューバが思いつくが、プロレタリア革命によって一旦は階級を廃止したはずの旧ソ連や東欧諸国、中国、北朝鮮などのスターリン主義国家は、共産党という新たな支配階級を生んでしまった。

徹底的に階級を廃絶するには資本主義の経済基盤である生産手段の私的所有・生産の私的性格＝商品経済社会を廃絶するほかない。政治スローガン的には「反帝国主義・反スターリン主義＝

世界革命」の現実化以外に方法はないと思うのだ。「反スターリン主義」を唱えながら、実質はスターリン主義そのものの党組織論を維持している「社会主義」「共産主義」を標榜する諸党派は打倒の対象でしかない。

日本の貧困の実態

日本の相対的貧困率は一五・七％で、貧困の度合いは世界一五位だ。アメリカ合衆国は貧困率世界五位でいかに貧富の差が激しい国かが分かる。日本はいわゆる「先進国」のなかではアメリカ合衆国に次いで貧困率が高い。「相対的貧困率」は、可処分所得の中央値の半分の貧困線に満たない世帯員の割合だ（以下の数値は厚生労働省が発表した「二〇一九年国民生活基礎調査の概況」による。二〇一八年の日本基準では年収一二七万円以下の世帯員）。

ＯＥＣＤの定義では、日本の子どもの貧困率は一四・〇％。子どもがいる現役世代で一人親世帯員は四八・三％。年次推移をみると、全世帯で一九八五年の一二・〇％から二〇一二年をピークにしながら年々増える傾向にある。

貯蓄がない世帯は全世帯で一三・四％、母子世帯で三一・八％。一方、借入金がある世帯は全世帯で二八・五％、母子世帯で二五・八％。

満足な生活をしていくには世帯所得（税・社会保障費等を引く前の所得）は三〇〇万円以上必要だと言われるが、所得が一〇〇万円未満の世帯員は六・四％、一〇〇万以上二〇〇万未満で一二・六％、計一九・〇％。実に五人に一人が年間所得二〇〇万円以下なのだ。三〇〇万円以下だと三二・六％におよぶ。

日常生活で悩みやストレスが「ある」と回答した人は、四七・九％、「ない」は五〇・六％。「気分障害・不安障害」など心の病気に相当する心理的苦痛を感じている人は、一〇・三％。ストレスフルな社会であり、病気かもしれないと思う人が一〇人に一人いる社会（この数字には入院者は含まれない）。

所得などの数字で見るよりも生活実態を反映している「生活意識の状況」を見ると、「大変苦しい」二一・八％「やや苦しい」三二・六％と、「苦しい世帯」が五四・四％だ。母子世帯では「大変苦しい」は四一・九％、「やや苦しい」は、四四・八％でなんと八六・七％が生活が苦しいと回答している。生活が苦しい世帯員が全体の五割を越え、母子世帯では九割近い人たちが生活苦の状態に置かれている（厚生労働省のデータはここまで）。

この生活苦の状況はすでに社会が壊れていることを意味しないだろうか。自民党・公明党政権下で、経済成長で金持ちがさらに豊かになればおこぼれがしたたり落ちて貧困層にも富の一部が浸透すると言われ（いわゆる「トリクルダウン」）、政府が税金を投入して株価を人為的に釣り上げることで実際に金持ちはより豊かになった。しかし、実体経済はまったく成長しておらず、可処分所得の賃金は下がったままだ。そういう説明より、実は、金持ちがより金を儲けたのは、労働者のリストラや非正規雇用化を押し進めて労働者の総体賃金を引き下げた分が金持ちの収入になっただけだ、という説明の方が納得がいく。

この間に消費税が引き上げられたが、消費税収の累計は四二四兆円であるのに対して、法人三税の減税は累計三〇六兆円、所得税・住民税減税は累計二八〇兆円。実に金持ちに減税して、金持ちほどたくさん支払わないといけない累進性の所得税・住民税を減税し、より貧困層ほど相対的に増税となる逆進性の強い消費税を増税した上に、金持ちへの減税額が消費税の累計税額を上回るというトリックが行なわれてきたのだ。金持ちはより金を儲けられて、貧困層はより税金を多く取り立てられるという金持ち優遇、貧困層いじめの国家が今の日本社会なのだ。

これはコロナ・ウイルス流行以前の数値だということに注意する必要がある。コロナ禍によって貧困が加速したことはよく知られている。自公連立政権はコロナ禍による貧困に対して、たった一回、一人一〇万円を給付しただけで、その他の給付は、企業を介するものが多く、複雑な経路を通すことで結局、金持ち、企業優遇政策を続けている。（二〇二二年一〇月現在）

日本の貧困問題を抜本的に改革するためには、資本主義を終焉させるプロレタリア革命しか方法はないと思う。自公連立政権を終わらせる政権交代はその第一歩だ。

第五章
マルクスの反差別解放理論

マルクス主義の伝説と労働者解放の思想

僕は、障害者の解放をマルクス主義の運動の力で実現するということをずっと考えてきた。この立場の先輩には、一九九〇年代に亡くなったブント（共産主義者同盟）の精神障害者だった香川悟がいる。彼は京大大学院出のインテリだったが、そういう嫌味なところはない謙虚な人だった。また、いまも仲間である関東「障害者」解放委員会の多くの友人たちも先駆と言える。なくなってしまったが、むかし僕が所属した「精神障害者集団・虹の会」もこの系譜に位置づけることができる。

この章は、マルクスについての伝説、すなわち「マルクスは資本家と労働者の対立しか見ておらず、差別問題を考えていなかった」という神話を根底から覆して、マルクス主義による障害者解放の条件を考えていく。マルクスが、差別問題の解決は労働者革命の根本問題だと考えていた事実を明らかにしていく。

従来のマルクス・レーニン主義は、差別問題を資本主義の最高の発展段階である帝国主義段階に固有の問題ととらえていた。資本主義の自由主義段階は、封建制社会諸関係を解消しつつ発展したというのが日本共産党である。この「理論」では差別は過去において解消されたということになる。それを乗り超えようとした新左翼の論理は、自由主義段階における封建的諸関係の解消が不徹底であったため、帝国主義段階になって温存・再編・強化されたというとらえ方だった。しかしそれでは資本主義の自由主義段階における差別被差別の諸関係の位置付けが不明確になる。差別被差別の諸関係は帝国主義段階固有のものではなく資本主義のすべての段階を通貫する本質としてとらえるべきである。

カール・マルクスは、「アイルランドの独立（連邦制も含む）は、イングランドのプロレタリア革命の前提条件だ」（一八七〇・一・一「IWA（インターナショナル）総評議会」の特別会議にて）と語っていた。それはイングランドにおけるプロレタリア革命の実現方法を提示したもので、従って、この文章の叙述は、マルクスがプロレタリア革命をどうやって実現しようとしていたのかという問題の叙述から入ることになる。論述の結果として、障害者解放理論を展開するつもりであったものが、期せずしてマルクスのプロレタリア革命実現論を明らかにすることになった。

日本プロレタリア革命の前提条件――朝鮮・中国・沖縄・被差別民衆の解放

イングランドにとってのアイルランドの位置は、日本にとっては併合国として植民地支配した朝鮮や傀儡国家を作って支配しようとしていた中国、そして植民地化してきた沖縄に相当する。マルクスのテーゼを日本に当てはめれば「朝鮮・中国・沖縄の解放は、日本プロレタリア革命の前提条件だ」ということになる。これは、日本プロレタリア革命・世界革命を目的として労働者階級が被差別・被抑圧民族人民の力を借りるという形の「国際連帯」や「社会的マイノリティとの連帯」論の立場を超えたものだ。最初に実現すべき目標がひっくり返っているからだ。

マルクスはプロレタリア革命の実現のためには、プロレタリアート内部の対立の止揚が必要だと考えていた。そのためには宗主国のプロレタリアートが植民地国の独立と解放を勝ちとり、そのことを通じて宗主国のプロレタリアートと植民地国のプロレタリアートは初めて一つの階級として団結し、共通の敵である資本家階級に立ち向かえると考えていた。しかしその事実は後のマルクス・レーニン主義者によって消し去られてきた。

以下、『マルクス・エンゲルス全集（大月版）』でカール・マルクスがイングランド・プロレタリア革命実現にとってのアイルランド独立問題について書いたものを読んでいく。長くなるがマルクスの言葉を引用していく。

マルクスについての神話を暴くには、マルクス自身が語り、書いた言葉がもっとも精確だと思うからだ。

マルクスのプロレタリア革命実現論

マルクスは『資本論』出版の当時（一八六七年）は、労働組合が革命実現の担い手になることを期待していた。

一八六七・二・二〇及び三・一三「個々の問題についての暫定中央評議会代議員への指示」（全集一六巻）

「六　労働組合。その過去、現在、未来」

「（イ）その過去。

最初労働組合は〜賃金と労働時間の問題に限られていた。労働組合のこのような活動は、正当であるばかりか、必要でもある。現在の生産制度がつづくかぎり、この活動なしにすますことはできない。」

「労働組合は、〜労働者階級の組織化の中心となってきた。」

「労働組合は、〜賃労働と資本支配との制度そのものを廃止するための組織された道具としてはさらにいっそう重要である。」

「（ロ）その現在。」

「だが最近になって、労働組合は、自分の偉大な歴史的使命にいくらか目覚めつつあるようにみえる。」

「（八）その未来。」

「いまや労働組合は、その当初の目的以外に、労働者階級の完全な解放という広大な目的のために、労働者階級の組織化の中心として意識的に行動することを学ばなければならない。」

「（労働組合は）あらゆる社会運動と政治運動を支援しなければならない。」

「（労働組合は）非組合員を参加させることを怠ることはできない。」

「（労働組合は）賃金の最も低い業種の労働者の利益を細心にはからなければならない。労働組合の努力は狭い、利己的なものではけっしてなく、ふみにじられた幾百万の大衆の解放を目標とするものだということを、一般の世人に納得させなければならない。」

このようなマルクスが語った将来像は実現されて行ったのだろうか。実際は随分異なっていた。

一〇年後のマルクスのイギリス労働組合観

一八六七年頃にはイギリスの労働組合に対して持っていたマルクスの期待は、一〇年後には失せていた。

一八七七・九・二七「フリードリッヒ・アドルフ・ゾルゲへの手紙」にはマルクスはイギリス労働組合全国大会を「恥さらしの労働組合大会」「この大会ではブルジョワどもがパトロンを演じていたのだ」と言い、これらの「やっかいごとから身を引いた」と労働組合問題から手を引いたと書いている。

一八七八・二・一一「ヴィルヘルム・リープクネヒトへの手紙」には「イギリスの労働者階級は、一八四八年以来の腐敗期を通じて次第に退廃の度を深め、ついには、大自由党すなわち自分たちの抑圧者、資本家のしっぽに過ぎなくなるところまで成り下がった。労働者階級の指導権は、金で動かされる労働組合指導者と、職業的な扇動者の手中にまるまる移ってしまった。」

ロシアの対トルコ戦争ではブルジョワジーと唱和しながら「他方では、南ウェールズで炭鉱主たちから餓死を申し渡された自国の兄弟たちのために指一本動かさなかったのだ。見下げはてた奴らだ！」と断罪し、彼らのイギリス下院における唯一の代表が直接の炭鉱労働者代表であり自ら生まれながらの炭鉱労働者であること、彼らがブルジョワジーの「大自由党」の政策を遂行したことを弾劾している。

一〇年前にはイギリスを「革命の条件のある唯一の国」と言い、労働組合の明るい将来像を描いていたのとは随分な変わり様である。

しかし、こうも言っている。

一八七六・一〇・七「マルクスからヴィルヘルム・リープクネヒトへ」

ロシア対トルコ戦争に反対する反戦集会を開催した「ロンドンの労働者階級の間では、最も進んだ、もっとも断固たる分子が」「労働者階級が支配階級の合唱団として振る舞うときには、いつでも恥さらしをやっているのだということを、これらの労働者は理解しているのだ。」

ロンドン労働組合協議会（首都の数千人の労働組合員を統一していた）の代議員だったマルクスの支持者は、さきに述べた「恥さらしのレスター大会で実に理にかなった一決議（これが何のことかは全集に掲載されていない）を通過させた。」

このころには、全国的な労働組合指導部には期待できないが、ロンドンなどの革命的な労働者階級に対する期待は失せていなかったことが示されている。

マルクスにおける階級形成論

マルクスはプロレタリア革命の実現のためには、労働者階級内部の敵対的関係を止揚しないといけないと考えていた。その実現方法はどのようなものだったか。

一八七〇・一・一「総評議会からラテン系スイス連合評議会へ」（全集一六巻）

「アイルランドの～現在の強制された合併（すなわちアイルランドの隷属）を、できるなら自由で平等な連邦に、必要なら完全な分離に変えることが、イギリス労働者階級の解放の前提条件である。」と書いている。

「イギリスがヨーロッパの地主制度と資本主義の堡塁であるとすれば、アイルランドこそは、公的イギリスに対して大きな打撃を与えうるただ一つの地点である。第一に、アイルランドはイギリスの地主制度の堡塁である。それがアイルランドで崩壊すればイギリスでも崩壊することになろう。～そこの人民がイギリスの人民よりも革命的であり、激怒しているからである。この両国のあいだの強制された合併がなくなったとたんに、～社会革命がアイルランドで爆発するであろう。～イギリスのプロレタリアートは、アイルランドにおけるイギリス人地主の権力を維持することによって、彼らをイギリスそのものにおいても難攻不落にしている。」

「第二に、イギリスのブルジョワジーは、アイルランド人の貧困を利用して、貧しいアイルランド人の強制移住によってイギリスにおける労働者階級の状態を低下させたばかりか、プロレタリアートを二つの敵対する陣営に引き裂いた。ケルト系労働者（アイルランド人）の革命的焔は、アングロ・サクソン系労働者（イギリス人）の堅実ではあるが鈍重な性質とは結びつかず、それどころか逆に、イギリスのあらゆる大工業中心地では、アイルランドのプロレタリアとイギリスのプロレタリアのあいだに深刻な対立がある。イギリスの粗野な労働者はアイルランド人を、賃金と生活水準を低下させる競争者として憎んでいる。また、これに対して民族的反感と宗教上の反感をいだいている。～このイギリス自体におけるプロレタリア間の対立は、ブルジョワジーによって人為的にはぐくまれ、維持されている。ブルジョワジーは、この分裂がその権力の維持の真の秘訣であることを知っているのだ。」

「古代ローマがとほうもない大規模で示したことが、今日のイギリスでもくり返されている。他の民族を隷属させる民族は、自分自身の鉄鎖を鍛えるのである。だから、アイルランド問題に対する国際労働者協会の立場は極めて計画的である。その第一になすべきことはイギリスで社会革命をすすめることである。そのためには、アイルランドで大きな打撃を加えなければならない。このアイルランドの（政治犯の）大赦にかんする総評議会の決議は、現在の強制された合併（すなわちアイルランドの隷属）を、できるなら自由で平等な連邦に、必要なら完全な分離に変えることが、イギリス労働者階級の解放の前提条件であることを主張する諸決議を、みちびきだす役をするだけである。」

一八六九年一二月一〇日「マルクスからエンゲルスへ」（三二巻）

「僕が長いあいだ考えてきたことだが、可能なのは、アイルランドの体制をイギリスの労働者階級の興隆によってくつがえす、ということなのだ。僕は絶えずこの見解を、『ニューヨーク・トリビューン』紙上で主張してきた。

より深い研究によって、僕は今ではその反対のことを確信するようになっている。イギリスの労働者階級は、それがアイルランドから免《まぬが》れないうちは、決してなにごとも達成しはしないだろう。槓杆《こうかん》（梃子のこと）はアイルランドに据えられなければならない。そうすれば、アイルランド問題は社会運動一般にとって非常に重要なのだ。」

一八六九年一一月二九日「マルクスからルートヴィッヒ・クーゲルマンへ」

「私がますます確信を深めていること――そしてイングランド労働者階級にこの確信をたたきこみたいだけのことなのです――、それはイングランド労働者階級がこのイングランドでなにか決定的なことをなしうるためには、アイルランドについての政策を思いきってはっきりと支配階級の政策から分離し、さらにアイルランド人と共同してことを進めるにとどまらず、一八〇一年に結成された合併を解体し、これに変わって自由な連邦という関係を樹立するために主導権を握るようにさえしなければならないのです。

これはアイルランドに対する同情ということではなく、イングランド・プロレタリアートの利害にもとづいた要求として進めなければならないのです。そうしないならば、イングランド人民はいつまでも支配階級の思うままに引き回されることになる。なぜならばイングランド人民は支配階級と手を組んでアイルランドに対抗するほかなくなるからです。イングランド自体での運動は、イングランド自体でも労働者階級のかなりの部分をアイルランド人が占めている以上、彼らとのあつれきのためにすべて半身不随（ママ）のままになっています。」

一八七〇・四・九「マルクスからジークフリート・マイヤーおよびアウグスト・フォークト（在ニューヨーク）へ」（ロンドン）

「一八七〇年一月一日に総評議会は、僕が〜書いた、秘密の回状〜を出しましたが、これは労働者階級の解放にたいする、アイルランド民族闘争の関係、またしたがって、国際労働者協会がアイルランド問題にたいしてとるべき立場にかんするものでした。〜簡単にその決定的な点をあげておきます。」

「イングランド人ブルジョワジーはいまのアイルランド経済にもっとはるかに重大な利害関係をもっている。アイルランドは、〜たえずその過剰人口をイングランドの労働市場に供給し、それによってイングランドの労働者階級の賃金および物質的、精神的地位をおしさげている。

そして最も重要なことは！　イングランドの産業、商業の中心地ではどこでも、ひとつの労働者階級がいまや二つの敵対する陣営に分裂している。イングランド人プロレタリアとアイルランド人プロレタリアだ。普通のイングランド人労働者はアイルランド人労働者を、生活水準をおしさげる競争相手として憎んでいる。イングランド人労働者はアイルランド人労働者にたいし、自分は支配する側の国民のひとりであるという意識をもってのぞみ、そのために、イングランド貴族や資本家がアイルランドにたいして向ける道具に使われ、それによって自分自身にのしかかっている彼らの支配を固めることになっている。イングランド人労働者はアイルランド人労働者にたいして、宗教的、社会的、また民族的な偏見を抱いている。その関係は、合衆国のかつての奴隷所有諸州でのプア・ホワイトと黒人の関係とほぼ同じだ。アイルランド人はまたイングランド人にしっぺ返しをする。アイルランド人はイングランド人労働者を、アイルランドにおけるイングランド人支配の共犯であり、またばかな（ママ）道具でもあると考えている。」

「この敵対関係こそ、イギリス労働者階級が組織されていても無力であることの秘密なのだ。これが資本家階級の権力維持の秘密なのだ。彼らはこのことを十分に意識している。」

「ロンドンの中央評議会の特殊な任務は、アイルランドの民族的解放がイングランド労働者階級にとって、抽象的な正義とか人道主義的感情の問題ではなくて、彼ら自身の社会的解放の第一条件であるという意識を、イングランド労働者階級の心のうちに呼びさますことだ。」

マルクスはイングランドのプロレタリアートとアイルランド人との対立の止揚を、イギリス政府のアイルランド人政治犯（フェニアン党員）に対する獄中での弾圧——残虐な虐待と拷問により少なくとも二〇人以上の死者と精神錯乱者を強制していた——に対してイングランドのプロレタリアートが闘い、「大赦」を要求することと、諸国にこの弾圧の事実を知らせることを通して実現しようとしていた。

マルクスはイングランドのプロレタリアートが差別意識をまったく乗り超えられていない結果として、プロレタリアート内を含む被差別人民・被抑圧民族人民から全く信頼されていない現実をまず乗り超えることが必要だと提起した。マルクスは国際プロレタリアート人民（労働者階級と被差別・被抑圧人民の総体）は、単一の敵である国内的な――国際的な――ブルジョワジーとの闘争に勝利するには、まず破壊されている団結をとりもどす必要があると考えた。

一八六九年まで、マルクスは被差別・被抑圧人民がプロレタリア革命に合流すべきだと考えていた。しかし、「深い研究」（それは全集一六巻に収められている）を経て考えを一八〇度ひっくり返した。労働者階級は差別・抑圧と闘い、自らの差別を乗り超えて、それらの解放を勝ちとることで被差別・被抑圧人民の信頼を得ることが、プロレタリアート解放の「前提条件」だとマルクスは考えるに至った。差別分断を超えなければ階級として団結し、ブルジョワジーに刃を向けることはできない。そのためには被差別人民に譲歩をせまる過去のマルクス、それはちょうど今の日本共産党のような立場だが、そうではまったくなくて、差別する側の人民が被差別人民のためにまず闘うことで、被差別人民からの信頼をえることが必要だとマルクスは提起するに至った。この転換を内在的にとらえることができるかどうかはとても大事なことではないだろうか。

まさに今日的な、「プロレタリアートの階級意識」がなぜくもらせられているのか、その覚醒はいかにして組織されるのかをとらえ、明らかにしたものではないか。アメリカ合衆国における白人プロレタリアートと黒人の関係にも言及しており、プロレタリアート間相互の差別分断支配にいかにして闘うべきかを示すものだ。社会的マイノリティ、障害者、被差別部落民、在日朝鮮・中国人民、技能研修生＝移民労働者、女性などの差別からの解放に拡張することが可能な考えではないだろうか。

その場合、被差別民衆の具体的な闘争課題に労働者階級が取り組むことで、はじめて被差別民衆と労働者の敵対的な関係性を乗り超えることが可能だということ。具体的な闘争課題への労働者階級の取り組み抜きには、団結はあり得ないということが提起されている。この立場からすれば、日本共産党のように被差別人民が自らの「誤った考え」を正して、差別する側の人間の「科学的」思想に合流させるという考え方が、まったく転倒したものだということは明らかだ。そもそも、『マルクス・エンゲルス全集（大月版）』を編集した「ドイツ社会主義統一党中央委員会付属マルクス＝レーニン主義研究所」は、その「解説」の中でこれらのマルクスの叙述とエンゲルスの手紙をまとめて、アイルランド人民が社会主義者と合流できなかった原因は、イングランド人ではなくてアイルランドの民族主義の側にあるとしている。これはマルクスの立場とは相容れない大国主義的な民族排外主義的主張という他ない。今日の日本共産党の主張はここに源流を持つものなのかもしれない。
今日的なプロレタリアートの階級形成論についてはいろいろな議論がなされてきたが、マルクスのこの提起のなかには、その具体的・現実的な課題は何であり、マルクス主義者はいかに闘いを提起するべきかという問いへの答えがあるように思う。

アイルランド独立闘争の高揚

一八八〇〜八三年頃アイルランドの解放運動は再度、高揚した（マルクスは一八八三年三月に亡くなった）。マルクスは変わらずにアイルランド問題が「イギリスの政治支配も崩壊する」問題だと言っている。そしてブルジョワジーの介入によって、ブルジョワジーの意図に反してその過程が促進されると言っている。

一八八〇・一一・四『マルクスからジョン・スウィントン（在ニューヨーク）』（全集三四巻）
「当地の政治的関心は、今のところアイルランドの『土地問題』に集中しています。ではなぜでしょうか？　主としてそれがイングランドの『土地問題』の先ぶれだからです。」
「これらの原則散布者たちの背後には、他の群れの人たち、抜けめのない、吝嗇《りんしょく》（注）な、打算的な資本家たちが隠れており、彼らを使って追い詰めさせているのであり、そのイデオローグたちが提案しているやり方での古い土地法の廃止は、土地を商品に転化させないわけにはおれず、結局資本の手に集積されるに違いないということを十分に知っているのです。

他方で国民的存在として考察すれば、ジョン・ブルは、アイルランドにおける貴族的イングランドの土地所有の牙城が崩壊しはしないかという不吉な予感を持っているのです。そうなれば――イギリスの政治支配も崩壊することになるでしょう！」（注）ひどく物惜しみすること。）

マルクスは、晩年にもアイルランド問題がイギリス・プロレタリア革命の支点であることを疑っていなかった。アイルランドの独立運動の高揚に大きな関心を持っていた。おりからロシア対トルコ戦争が始まっていた。これにどのような態度をとるかということに、階級形成論の重点は移っていたようだ。このころマルクスは、ナロードニキによるロシア革命の可能性に大きな関心を示していた。ナロードニキは一九世紀末のロシアの農本主義的な革命家たちである。「ブ・ナロード」（人民のなかへ）をスローガンにしたことからこう呼ばれた。彼らは農村共同体から社会主義への移行を展望し、農民の中に入ろうとした。当初、農民は彼らを受入れなかったので、皇帝を暗殺するなどの直接行動を行なった。

一九一七年のロシア革命当時は、社会革命党（エス・エル）に発展して農民の強い支持を受けるまでになっていた（のちにエス・エルはロシア共産党（ボリシェヴィキ）によってせん滅された）。マルクスはナロードニキと親しくつきあい会食したり手紙を書いたりしていた。ロシアで革命が起きれば、革命の波がヨーロッパに波及するということをこのころのマルクスは言っている。

一八七八・二・七〜八イギリス議会における戦費の支出の議決で、イギリス労働運動指導部はブルジョワジーに同調した。ロシア対トルコ戦争に際して、ロシア軍によるトルコ領内深くの占領を防止するために参戦する目的の莫大な追加予算に賛成投票したのだ。のちの第二インターナショナル諸党の転向を思わせる。民族排外主義に転落したイギリス労働組合指導部をマルクスは許せないと思っていた。しかし、その中でもロンドンの労働組合協議会に拠点をもっていた革命的プロレタリアートが反戦集会を開いたことを高く評価した（前述）。プロレタリアートの階級形成が反戦闘争を闘うことを通じて具体的に行われることをマルクスは強く意識していた。

一九七〇年「七・七自己批判」とマルクスの思想

資本主義（帝国主義）国のマルクス・レーニン主義者は、大国主義的な民族排外主義に染められた。日本でも日本共産党に典型的な「共産党員は差別しない」、資本主義は封建的差別・被差別の諸関係を解消したから「労働者は差別しない」という差別・排外主義理論が満展開された。

それを乗り超えようとした新左翼諸党派も、民族排外主義から自由ではなかった。おおよそ日本人であって民族排外主義から自由な人など存在しないのではないか。そもそも、日本人としての「豊かな」生活そのものが民族差別の上に成り立っている。それは植民地人民の犠牲の上に乗っかっている。「ユニクロ」がウイグル人民の奴隷労働のうえで低価格を実現していることは広く知られているが、パキスタンの女工やチリの農民、フィリピンの農民などでも事態は同じことだ。彼女ら、彼らの低賃金と生活破壊がわれわれの「豊かな」生活の原資だ。その事実のとらえ返しがなければ、プロレタリアートの階級としての自己形成などできるわけがない。

日本人の新左翼にとってそのことを突き付けられたのは、一九七〇年七月七日の華僑青年闘争委員会（華青闘）の糾弾である。宗主国のプロレタリアートにとっての「ありのままの」国際連帯など、思いあがった差別的立場の上塗りでしかなかった。集会準備過程で華青闘が、日本の新左翼が在日中国人の生活を無視して政治的問題だけに利用する在り方を批判して退場するのに対して、革共同・全国委員会幹部が「いいじゃないか」「主体的に華僑青年闘争委員会が退場したのだから」と発言して居直ったことを、革共同をはじめとする新左翼諸党派が根本的に自己批判したのが「七・七自己批判」である。「七・七自己批判」は日本人の労働者人民の差別的在り方を乗り超える思想であり、日本の左翼が忘れてはならない原点なのだ。

「われわれは、革命的共産主義運動を革命的共産主義運動として真に前進させ、プロレタリアート人民を自己解放の革命的主体として真に前進させるためには、帝国主義的抑圧民族のプロレタリアート人民として自己の民族排外主義、差別＝分断意識との主体的な対決をおしすすめ、在日アジア人をはじめとする被抑圧民族の人民のたたかい、部落民を先頭とする被抑圧諸階層の人民のたたかいをもって、われわれの共産主義を根底的に問いかえし、われわれの革命戦略を決定的に前進させなくてはならなかった」（本多延嘉革共同書記長、一九七三年一月一日付『前進』）。

少し分かりにくい表現だが、「プロレタリアートが革命的な階級として資本家階級と対決するためには、華青闘の糾弾を受けて認識することができた自己の民族排外主義、差別＝分断意識を問いなおして理論構築する必要がある」、ということだろう（ここでは被差別・被抑圧人民は「プロレタリアート外の存在」とされている。僕はこの規定には反対である。この問題については後述する）。

しかし革共同による「七・七自己批判」思想の理論化の過程でマルクス主義の原理を使うのではなくて、魯迅の文学的表現である「血債の思想」を借り物にしてきたことから、中身が「道徳」「倫理」の問題と理解された傾向が強くあった。しかも、後には革共同内の官僚的独裁の道具にされてしまい、労働者党員の呪詛の対象となっていった。

「正しい立場に立った」指導部が、「誤っている」下部党員を「指導」という名の下に支配するための道具に変えられてしまったからである。

結局、どの左翼諸党派も七・七華青闘の告発に対して正しくマルクス主義的に自己批判することはできなかった。「華僑青年闘争委員会は毛沢東主義だから」という奇妙な理屈さえ言われていた。毛沢東思想の中からも正しい立場を汲み取るとは提起されていなかった。それは、一八六九年一一月以前の古いマルクス主義の立場ではあっても、まず最初に被差別・被抑圧人民の信頼を得るためにプロレタリアートは具体的な連帯行動に取り組むべきだという転換をした後のマルクスの思想ではまったくなかった。「七・七華青闘糾弾」で突き付けられたものに具体的に応える、入管闘争とか生活防衛闘争を支える思想的内容は全く欠如していた。

その結果、新左翼諸党派内でもこうした問題は「諸戦線」という名の専門部だけが担う問題に矮小化され、「労働者階級本隊」にとっては道徳や倫理、「踏まえるべき立場」の問題に矮小化された。後には「血債の思想」は文学的表現でありマルクス主義ではないからと切り捨てる部分も生まれた。これは、マルクス主義への無知であり、無知であるが故に自らの頭脳で考えることもなく裏切りに連なるものだ。

われわれはもう一度、華僑青年闘争委員会の糾弾の原点に立ち戻り、マルクス主義思想に立脚した「七・七自己批判思想」を確立しなければならないと思う。

第六章
マルクス主義的な障害者解放原理

文献としての『左翼エス・エル戦闘史』、あるいはロシア革命正史

僕たち左派の多くが学んできた「ロシア革命史」は勝者であるボリシェヴィキの、さらにはスターリンによって改作された偽史にすぎないことが、敗者である「左翼エス・エル」の側から書かれた歴史を読むことによって明らかになった。僕たちは「左翼エス・エル」がロシア革命において果たした役割について考えたこともなかった。スターリンによってまとめられたロシア革命史においては「ボリシェヴィキが単独で行なった革命」が一〇月革命のすべてだった。

スターリンによって「マルクス・レーニン主義」にまとめ上げられたものしか、ほとんどのマルクスもレーニンも読めない僕たちにとっては、レーニン主義の「プロレタリア独裁」のみがマルクスの「プロレタリア独裁」を引き継ぐものと信じられてきた。（「マルクスもレーニンも読めない」とは、例えばマルクスの晩年の膨大な量のノートの存在を最近まで知らなかった。『マルクス・エンゲルス全集（大月版）』には主旨を捻じ曲げた解説が付けられている）。

少しまともに考えたら分かったはずなのだが、当時のロシアの人口の八割は農民だった。地主・ブルジョワジー・中間階層を除けば工業プロレタリアートは極わずかな人数しかいなかった。八割の農民のうちの多数から支持を受けていた「左翼エス・エル」の支持と協力なしにロシアで革

命が可能であったとは考えがたい。

ましてや極わずかなプロレタリアートによる独裁が、マルクスの描いた「パリ・コミューンのようなプロレタリア独裁」とは似て非なるものであることは容易に想像できたはずだった。しかし、僕たちはかつてそのような考えを持つことができなかった。マルクスの主張した「プロレタリア独裁」とロシアにおける「プロレタリア独裁」が違うものではないかと論じられたことがあるかどうかさえ知らない。

僕たちは少しも自分の頭で考えたことがなかったのだ。僕たちはスターリンによってまとめられた「マルクス・レーニン主義基礎文献」を頭から信じてしまい、それが真にマルクス主義の発展であるかどうかを考えてこなかった。レーニン自身が本当に考えたことであるのかも分からない代物が現代に至るまで伝わっている「マルクス・レーニン主義」なのだ。

僕たちはレーニンが「左翼エス・エル」の創始者の一人である「マリア・スピリドーノワ」のことを「尊敬すべき革命家だ」と言っていたという事実を知っていただろうか。レーニンが「左翼エス・エル」の革命家を尊敬していたというような考えが僕たちが学んできた「マルクス・レーニン主義」から導き出されるだろうか。僕たちがマルクス主義を発展させ、そしてレーニンたちボリシェヴィキや「左翼エス・エル」によって実現されたロシア革命によって開始された世界革命の歴史過程を「反帝国主義・反スターリン主義＝世界革命」の完遂へ発展させるためには、僕たちが信じてきた「マルクス・レーニン主義」を疑ってかかる必要があるのではなかろうか。
この章はそのような意図をもって書かれたものである。

勝者の歴史

『左翼エス・エル戦闘史』（スタインベルグ著・鹿砦社・一九七〇年刊）を読んだ。レーニンの「労農同盟下のプロレタリアート独裁」と「左翼エス・エル」（「左翼社会革命党」というロシアの社会主義政党）の主張した「労農独裁」はどこで一致できて、どこで一致できなかったのかを研究したかったからだ。著者スタインベルグは「左翼エス・エル」の幹部で、ボリシェヴィキとの連立内閣の司法委員（大臣）で後に西欧に亡命した。

カール・マルクスが主張した「プロレタリア独裁」は、西欧の先進資本主義国で、圧倒的多数者であるプロレタリアートによる少数者のブルジョワジーに対する専制的侵害・抑圧のことだった。僕はこの「プロレタリア独裁」を支持する。マルクスは存命中にナロードニキ革命家に対してマルクスの理論は西欧に限定して適用できるのでありロシアにはそのままでは適用できないと言っていた（『ザスーリチへの手紙』）。

ロシアでは多数者である貧しい農民と、少数者であるが資本主義の廃絶によってしか自らを解放できないという本質を持つ存在である工場労働者が共同してツアーリの残党と資本家階級を抑圧するという「労農独裁」の方がマルクスの主張に沿ったことではないのか。

実際にはレーニン＝ボリシェヴィキは少数者である工場労働者による多数者である農民への「無慈悲な」独裁体制を敷いた。当時のロシアでは人口の八割は農民だったのに、少数者である工場労働者だけによる独裁が何を意味したかは想像に難くない。それは実質的には労働者階級による独裁でさえなくてボリシェヴィキ党の独裁であったし、党組織論の「中央集権的民主集中制」によって一握りの党指導部による独裁になっていた。帝政ロシアにおいて秘密警察と闘い革命を実現するために必要だった、この党組織論（中央集権的民主集中制）を権力掌握後も継続することは必要だったのだろうか。それはカール・マルクスの描いた「パリ・コミューンのようなプロレタリア独裁」とは似ても似つかぬものだった。レーニン＝ボリシェヴィキと「左翼エス・エル」はどこで一致できてどこでは一致できなかったのだろうか。

『左翼エス・エル戦闘史』はその創始者のひとりであるマリア・スピリドーノワの伝記だ。彼女が歴史に初めて登場した一九〇六年のツアーリの将軍へのテロルから、いくたびかの獄中生活と公然・非公然の政治活動を経て、「左翼エス・エル」を創立した。「左翼エス・エル」はロシア一〇月革命をボリシェヴィキと協力して成し遂げ、レーニンに請われて内閣に入り（スピリドーノワ自らはソビエトの幹部を務めていて入閣していない）、後に連立を離脱、ボリシェヴィキが農民からの収奪を意味した戦時共産主義を採用するにいたって決別した。

「左翼エス・エル」は、モスクワで反ボリシェヴィキ蜂起を起こしたが敗北した。エス・エルが犯人とされたレーニン銃撃事件をきっかけに「左翼エス・エル」は反革命の烙印を押された。スピリドーノワは、逮捕された後、脱獄して地下活動に邁進するが、再び逮捕されて流刑地で存命中のところでこの本は終わっている。後にスピリドーノワは、一九四一年にスターリンの命令でトロツキーの妹ら多数の革命家と共に銃殺された。

レーニンが殺すことはできなかったロシア革命の英雄も、スターリンの時代には生かしておくことができなかったのだろう。スターリンはロシア革命史そのものを書き換えた。現在流布している「ロシア革命史」は勝者であるボリシェヴィキの歴史だし、スターリンによって書かれた偽の歴史だ（なおレーニンを銃撃したのはエス・エル党員だが個人的憤りによるものであり「左翼エス・エル」の指示ではなかったと著者スタインベルグは書いている）。

ロシア一〇月革命

一九一七年一〇月蜂起はボリシェヴィキによって主導されたが、農民に基盤をおき工場労働者にも支持された「左翼エス・エル」の協力と同盟なしには成功しなかったと、『左翼エス・エル戦闘史』には書かれている。エス・エルは一九一七年に左右に分裂しエス・エルがもっていた農民たちの基盤を「左翼エス・エル」は旧主流派のエス・エル右派と争って獲得していった。革命後に「左翼エス・エル」はボリシェヴィキに請われて入閣した。一九一八年のブレスト・リトフスク条約をめぐって、条約によってもたらされたドイツ軍の侵攻によるウクライナ分割とウクライナ人民への殺戮と強奪を許容できないと考えた「左翼エス・エル」は、あくまで講和を維持しドイツ革命を待つと言うボリシェヴィキと対立し内閣を辞した。トロツキーは自伝に当時のロシア軍にはドイツ軍と戦うだけの実力はなかったと書いている。「左翼エス・エル」はウクライナにテロリストを送り込みドイツ軍司令官を暗殺するなどした。

この共闘はロシアの穀倉であるウクライナを失ったレーニン＝ボリシェヴィキが戦時共産主義を採用して農民たちから種もみまで奪う食糧徴発分遣隊を組織するに及んで決裂した。レーニンが銃撃され重傷を負った事件を契機に「左翼エス・エル」は反革命であると烙印されて非合法化された。一時、和解の気運が浮上するが折からクロンシュタットの革命的水兵たちによる反乱が勃発して、ボリシェヴィキによる独裁が脅かされたことによってその機は失われた。

僕はクロンシュタットの革命的水兵たちが反乱の時に主張したことを『左翼エス・エル戦闘史』ではじめて正確に知った。それは「左翼社会主義者とアナーキストの言論の自由、農民と労働者の組合の自由、投獄されている社会主義者、労働者、農民、赤軍兵士、水兵の釈放、食糧徴発分遣隊の廃止、食料の公正な分配、農民による土地の完全な管理」等々。当時のボリシェヴィキ以外の広範な革命的兵士・水兵と労働者と農民の要求を反映したものだった。

この反乱は問答無用にトロツキーが指揮した赤軍によって軍事的に鎮圧された。この時、戦うことを拒否する赤軍将兵は背後に据え付けられた機関銃で射殺されたと言われている。この反乱の後に、「左翼エス・エル」党員は流刑地と精神科病院と監獄に繋がれ、農民たちは反抗すれば銃殺された。著者スタインベルグは亡命した。スピリドーノワらには、最後にはスターリンの粛清が待っていた。

残念な事実と希望のもてる事実

『左翼エス・エル戦闘史』から最初に分かったことは残念な事実だった。僕が今日の「マルクス・レーニン主義者」（この言い方はスターリンの規定だ）のなかに見出している無味乾燥な経済法則信奉が一九〇五年のロシアのマルクス主義者＝社会民主党（ボリシェヴィキもメンシェヴィキも）のなかに見出されたことだ。そのことがロシアの田舎の若き社会主義者であったスピリドーノワをしてもう一つの社会主義政党だった社会革命党（エス・エル）に走らせたのだ。

当時のマルクス主義者はすでに資本主義の経済的発展が共産主義を必然的にもたらすという即物主義的機械論的な唯物史観を持っていた。また、社会革命をもたらすのは労働者階級だけであり、農民やインテリゲンツィアなどの小ブルジョワジーは革命にとっては埃《ほこり》のような付随物に過ぎないと見なしていた。

僕が現代の「マルクス・レーニン主義」者の特徴であるとして非難してきたこれらの即物主義的唯物論がまだレーニンが主導権を握っていなかったロシアのマルクス主義者に既に始まっていたことは極めて残念な事実だった。

もう一つ分かったこと。こちらには希望が持てる。一九〇〇年にはまだロシアの革命派はインテリゲンツィアや学生にしか見いだせなかった。それ以降、農民や労働者の中に革命派は広がっていき、日露戦争の敗北によってもたらされた一九〇五年の革命後、旧来の「マルクス・レーニン主義」者が宣伝してきたようにボリシェヴィキが発展しただけではなくて、社会革命党（エス・エル）も大衆的基盤を持つようになった。

一九一七年二月革命後エス・エルは左右に分岐し、一〇月革命時にスピリドーノワらによって「左翼エス・エル」が結成された。当初、農民に対する影響力はエス・エル右派が握っていたが、一一月に開かれた第二回全ロシア農民ソビエト大会では「左翼エス・エル」が三五〇議席をえて第一党になった（エス・エル右派は三〇五議席で第二党、ボリシェヴィキは九一議席だった。議席数は『レーニン全集二六』による)。

「左翼エス・エル」は労働者からも支持されており一〇月革命の主力をなしたペテログラード・ソビエトではボリシェヴィキに次ぐ第二党だった。当時のロシアでは工場労働者は農民の子であり兄弟だったから、「土地と自由」という「左翼エス・エル」の主張は労働者をも獲得していた。

このころにはボリシェヴィキと「左翼エス・エル」の結びつきは緊密であり、一〇月蜂起を組織したペテログラード・ソビエトの「軍事革命委員会」はボリシェヴィキと「左翼エス・エル」とアナーキストの共同で組織された。この一〇月の全ロシア労働者・兵士ソビエト第二回大会の構成はボリシェヴィキ二五〇人、エス・エル一五九人、メンシェヴィキ六〇人だった。エス・エル内では左派が多数派を形成していた(人数は『左翼エス・エル戦闘史』による)。エス・エル右派とメンシェヴィキは、自ら大会から、そして革命そのものから離脱した。

大会は二つの重要法案を通過させた。一つは即時停戦と講和に関するものであり、もう一つは土地の社会化などの法令である。後者はレーニンがエス・エルの綱領を借用した(一般には「盗んだ」と言われている)と伝えられてきた。これが一〇月革命だった。

一九〇五年の革命が起き、スピリドーノワが最初に一九〇六年に反動派将軍に対するテロルで逮捕されてから、長い獄中生活があり、それは多くの男性党員にとっては虐待と鞭打ちと拷問の日々なのだが、女性党員はそれほどの虐待は受けなかった。やっと一九一七年の二月革命によって釈放され、陽の光を見ることができた。この時代は獄外では「ストルイピンのネクタイ」と言われた革命派に対する絞首刑の時代だった。この本ではスピリドーノワを中心に書かれているから、外のことにはあまり触れられておらず、長い獄中生活が書かれている。ツアーリの手先へのテロルがエス・エルの主要な闘いだったようだ。その間に革命を捨てる者も多かった。これは今日的な僕たちとも重なる。

ロシア革命史における一九〇五年と言えば、日本に喩えれば一九六七年の一〇・八の羽田闘争から数年間の学生と青年労働者による革命的激動が社会全体を揺るがし、革命を支持するきわめて広範な民衆が育まれていた時期に相当するのではないだろうか。

一九六七年一〇月八日に、当時の佐藤栄作首相（安倍晋三元首相の大叔父）がベトナム戦争の一方の当事者である南ベトナムの首都サイゴン（現ホーチミン市）を訪問するため、羽田空港から特別機で出発しようとしていた。これを阻止しようと、前年に結成されていた三派全学連（マルクス主義学生同盟中核派、社会主義学生同盟、社会主義青年同盟解放派の三派）が初めて角材とヘルメットで武装して、実力で機動隊の阻止線を突破する闘いを行なった。

この闘争の過程で京大生の山崎博昭（当時一九歳）が亡くなった。前夜には法政大学において中核派と解放派の内ゲバがあったと言われている。この三派全学連を中心として七一年の一一月闘争まで街頭実力闘争が闘われた。

一九七一年一二月に始まった革マル派による革命的左派（中核派、解放派など。革マル派の支配力が強かった沖縄ではブントも襲撃された）に対する革命家個人へのテロルは、この大衆的気運を台なしにすることが目的だった。

革マル派機関紙「解放」やビラには、この街頭実力闘争が「階級闘争の表層を攪乱した」と憎悪を込めて「権力が中核派の首根っこを押さえている。我々は下の急所を蹴り上げる」と書かれていたと言う。革マル派の高度に組織化された軍事組織による左派へのテロルはその目的を果たした。

一九八〇年—一九八六年に左派による反撃戦によって革マル派が戦意を喪失するまで相互のテロルの時代は続いた。マスメディアはこれを「内ゲバ」とキャンペーンし、左派の影響力を傷つけた。左派の側も大衆的な反撃を組織することには成功せず、テロルにテロルで抗したからマスメディアの「内ゲバ」キャンペーンは成功し、その間に闘いの気運はすっかり影を潜めてしまった。その結果、左翼への羨望と期待はことごとく消失してしまった。左派にとっては永い雌伏期を迎えることになった。これはストルイピン（ロシアの首相。一九〇六年〜一九一一年まで。戒厳令と軍事法廷により多数の革命家を処刑した。絞首台は「ストルイピンのネクタイ」と呼ばれた。一九一一年に暗殺された）の反動期に相当するだろう。

いま必要なことはロシアの一九〇五年に相当する日本の一九六七年からの激動を、国際的には一九六八年のパリ五月革命からの世界革命を彷彿とさせた激動の時代をどう現在に引き継ぎ発展させるのかということではなかろうか。そのために現在的に僕が必要だと思うのはマルクス主義のルネッサンスであり、即物主義的唯物論の呪縛からマルクス主義を救出することだ。スターリンが綱領化した「マルクス・レーニン主義」の泥沼からマルクスを解放し、マルクス主義を再構築し直して学び、発展させることだと思う。

また、自らスターリン主義に陥ってしまった三派系の新左翼に代わるものとして自らを登場させられるかどうかにかかっているのではないだろうか。

欧米では、一九六八年世代を引き継ぐ「ジェネレーション・レフト」と呼ばれる若者たちが大勢立ち上がっている。ジェネレーション・レフトの動きが活発なアメリカで二〇二〇年に実施された世論調査では、社会主義に好意的な人は前年の三六%から四〇%に増加し、Z世代（一九九〇年～二〇〇〇年生まれの世代）では前年の四〇%から四九%まで増えた。イギリスでは、社会主義者を公言する労働党のジェレミー・コービンが格差是正などを訴え若者の支持を集めた。スペインでは一五M運動（二〇一一年にスペインの五〇以上の都市で起きた若者たちのオキュパイ（占拠）運動）の活動家によって支持されるポデモス（「私たちはできる」の意。二〇一四年～。左派知識人によって立ち上げられた）という新興政党が注目を集めている。メンバーの大半が三〇代であり、政策決定の段階から市民に参加を呼び掛けているのが特徴だ。

日本でもZ世代やミレニアル世代（一九八一年～一九九六年に生まれた世代）は、外国の若者と同様に社会課題に関心度が高く、気候変動や貧困問題、入管法改正案への署名運動などに取り組む学生団体や若い世代の団体は多い。前述の若きマルクス主義者である斎藤幸平は若者からも大きな支持を受けている。

ロシア革命が一九〇五年から一九一七年まで待たなければならなかったように、雌伏期の年数は問題ではない。

一九一七年の世界革命情勢・ドイツ革命の敗北

ロシアで出版された『共産党宣言』の序文の中で、マルクスはロシアで革命が起きれば西欧に波及すると希望を込めて書いている。これは後にスターリンが捻じ曲げて「一国社会主義」論の論拠としたようにロシアにおける一国での労働者による革命のことではなくて、ナロードニキによる革命のことである。

マルクスが希望したように実際に始まったロシア革命が西欧の革命に波及しなかった原因は、マルクスがイングランドとアイルランドについて書いているように、イギリスやドイツのプロレタリアートに重く、そして厚く存在した民族排外主義、差別主義であり、その結果としての一九一九年のドイツ革命の敗北だった。

ドイツでの一九一八年から一九年にいたる革命の中で、ドイツ労働者階級は「レーテ（評議会）」に権力を集中し、皇帝を打倒し、第一次世界大戦を終結させるところまで革命を成功させていた。貴族や軍部、資本家たち反動派は一九一八年一一月のキール軍港の水兵の反乱を鎮圧した実績をもつ日和見主義党派だったドイツ社会民主党に政府を委ね「レーテ」の主導権を社会民主党に握らせることで労働者革命を鎮圧しようとした。ドイツの労働者階級はプロレタリア革命に反対した社会民主党を支持した者が多く、革命的な「スパルタクス団」は最初、蜂起を躊躇して数十万人の反政府デモへの決起という好機を逃してしまい、蜂起した時には少数の支持しか得られず、反革命の社会民主党らが組織した「ドイツ義勇軍」によって鎮圧されてしまった。

この時、「レーテ」に権力を集中していたドイツ労働者階級が資本主義体制の存続を意味した社会民主党をなぜ支持してしまったのか、それをはっきりと解明した文献を読んだことがない。

ドイツ一九一九年革命敗北の総括

なぜ、一九一七年のロシア革命から始まった当時の世界革命が敗北したのかという問題の解明は、極めて今日的な世界革命戦略の問題ではないかと思う。ブレスト・リトフスク条約をめぐるボリシェヴィキと左翼エス・エルの行き違いはあったにせよ、一九一九年のドイツ革命が成功していたら歴史は間違いなく変わっていただろう。

ドイツ革命の敗北は今まで多くの「マルクス・レーニン主義」者が言ってきたように「社会民主主義者が悪い」と言い募ってみたところで何の総括にもならない。当時のドイツ労働者階級がなぜ社会民主党を支持し革命派を敵視したのかを、すなわちロシアにおける革命がドイツ労働者階級を鼓舞し、共感を得て「レーテ」革命＝労働者評議会権力を成功させたにもかかわらず、資本主義打倒の「スパルクス団」蜂起が支持を得られなかったのはなぜかを解明する必要がある。

この問題を解決しない限り、ドイツ革命敗北＝世界革命敗北の総括になり得ない。ドイツ革命が勝利していたら、レーニンが「尊敬する革命家だ」と言っていたスピリドーノワがスターリンによって銃殺されるような歴史の暗転はなかったはずだ。

書籍『ベルリン一九一九赤い水兵』

『ベルリン一九一九赤い水兵』はドイツでも「忘れられた革命」である一九一九年のスパルタクス団蜂起についてドイツ人が書いた覚書だ。西側ではいまでも大政党であるドイツ社会民主党が圧殺した革命だから、なかったことのようにして語られず、東側ではレーニンの批判者であるローザ・ルクセンブルクを歪曲することによって真実は忘れられた。

当時、ドイツ・ベルリンの貧困な労働者街ではスパルタクス団を支持している者が多かった。一八四八年の革命を経験した古い世代は社民民主党を支持している者が多かった。

革命派の水兵は、社会民主党政権による反動、すなわち占拠していたベルリン王宮の武装解除のために派遣された軍隊と戦闘して勝利するが、革命派の水兵の内部にはっきりとした展望を持った前衛が欠落したことによって勝機を手放してしまう。反撃に転じた社会民主党政権は軍隊を動かし革命的水兵やスパルタクス団を一掃しようとした。スパルタクス団は貧困層の労働者の他には支持者を欠いており、前衛党としては登場しきれていなかった。革命的水兵もスパルタクス団を支持していた訳ではない。革命的水兵は分裂して指導部は社会民主党政権に従ってしまう。革命的であろうとする水兵はスパルタクス団に合流するが遅すぎた。追い立てられて蜂起したスパルタクス団は軍隊と反革命「義勇軍」によって徹底的に殲滅される。数千人が虐殺されたと言われている。

「スパルタクス団」の指導者ローザ・ルクセンブルクとカール・リープクネヒトは、ベルリンのスパルタクス団員を見捨てて逃亡することを拒否して「義勇軍」によって虐殺された。

ドイツ革命の敗北後も貧困層の労働者街にはスパルタクス団員が生き残っていて、「百年後には勝利する」と希望を語っていた。やがて彼らはヨーロッパ最大のドイツ共産党に成長する。

ドイツ共産党の悲劇は、ローザ・ルクセンブルクやカール・リープクネヒトを継承することができず、スターリン主義者によって支配されてしまったことだ。今日においても「反帝国主義・反スターリン主義＝世界革命」戦略が労働者民衆の多数を獲得することに失敗すれば、歴史は同じ悲劇を繰り返すだろう。肝要なことは左派が「百年後に勝利する」展望を描けるかどうかだ。

資本主義社会の解剖学――疎外・物象化がなぜ生じるのか――カール・マルクス『資本論』の世界観

今日的な革命の展望、すなわち資本主義の最大の矛盾がどこにあるのかを明らかにしたのがカール・マルクスだった。

いまの社会は言うまでもなく、資本主義社会だ。資本主義の根本的な矛盾である「疎外」や「物象化」はどのように生まれ、どのようにして「物象化」を乗り超えた新しい社会建設が可能なのか。これこそが、最も今日的な問題だ。

資本主義的生産＝生産手段の私的所有のもとでは労働生産物は「商品」という物となることによってはじめて社会的な意味を持つ。

「たんなる諸使用価値を商品に転化するものだけが、諸商品を商品として相互に関係させ、したがってまた社会的関係に置きうる。ところで、このものこそ諸商品の価値なのである」（マルクス）この時にたんなる物でしかなかった労働生産物は社会的な意味を持つ物となる。これをマルクスは「物象」と呼んだ。商品生産関係においては直接的に人格が結合する関係は断ち切られる。人間の社会的関係はひっくり返されて「物象」の（物と物の）関係として現われる。

この過程をつうじて、人々が自分自身で生産を制御するのではなくて、商品や貨幣などの物象の運動が人々の生産活動を制御するという転倒が起きる。この転倒化がいわゆる「物象化」である。商品生産関係においては、私的生産者は物に「価値」（交換価値）という社会的力をあたえ、商品や貨幣などの力に依って関係を取り結ぶしかない。だから生産関係は人格と人格の関係としてではなく物象と物象の関係として現われる。ここに労働者の最大の疎外がある。労働者は生産の主人公ではなくなり、過去の労働の蓄積である機械や「資本」に使われる道具に過ぎなくなる。労働の楽しさや充実感はなくなり、単なる苦役となる。

制度および法律の力、すなわち、いわゆる「国家」の力は、それがどれほど強力に見えようとも、物象化と物象の人格化を媒介することができるだけであって、それ自体の力によって物象の力やその機能を生みだすことはできない。逆に、生産関係に手を付けることなしに、制度や法律の力すなわち国会と政府を変えることだけによって、物象の力や機能を廃絶することはできない。階級闘争を回避した小手先の「制度改革」「政治改革」で資本主義的生産様式の矛盾を解消できるかのように考えることは誤りである。

マルクスはパリ・コミューン後に「プロレタリア革命はできあいの国家をそのまま手に入れることはできない」という「プロレタリア独裁」についての有名なテーゼを発表している。マルクスはパリ・コミューン蜂起が始まる前には社会が準備不足だから早まるなと言い、実際に蜂起が始まるとその勝利のためには何が必要かと問題を立てた。そして、パリ・コミューンの実践から汲み取るべき成果としてこのテーゼを打ち出した。

資本主義国家はさまざまな形で商品生産関係を維持強化するために介入してくる。労働組合である全日建関西生コン支部のストライキや順法闘争への弾圧が典型的だ。粉砕されたとはいえ地域ユニオンである関西合同労働組合への「反社会的勢力排除」の労働協約締結の要求という攻撃は国家権力を労働現場に引きずりこむことを狙っていた。いずれも、憲法秩序に反した資本家階級の攻撃だが、国家権力と闘わなければ労働組合運動も成立しえないことの証左だ。だからと言って、労働現場を忘れ、ただ国家権力に立ち向かうだけで勝てるという考えは幻想だ。

忘れてならないことは、過去の労働運動の高揚時には国家権力が介入してきたことが度々あった。一九七五年一一月二六日〜一二月三日、国鉄労働組合をはじめとする公労協によって公務員のストライキ権を奪還するために闘われたスト権ストの時も一九八七年の国鉄分割・民営化の時も、公務員労組という特殊性があったにせよ、労働運動が闘う相手は国家権力だった。初期の民間企業のストライキもスト破りの背景には国家権力がいた。また社会主義者は常に国家権力による弾圧の対象だった。

グラムシ風に言えばヘゲモニーをめぐる死闘ということだ。資本家階級の国家権力が簡単にヘゲモニーを譲るはずはない。労働現場だけで闘っていれば資本主義が打倒できる、国家権力との闘いを回避できると思うのはよほどのお人好しか単なる日和見主義者だ。

また、晩年のマルクスは物象化がもたらす「物質代謝」の攪乱との闘い、すなわちエコロジーの観点に達していた。人間の物質的な生産の過程は、自然に対して働きかけて、自然物が人間の体内での代謝活動のように変化する過程を助けることだが、近代文明はこの自然の生命力の発現=物質代謝を破壊している。農業における化学肥料の過度の使用が土の生命力を奪ってしまったことがその典型だ。また工業都市は自然そのものを破壊した。マルクスはこれを糾弾し、自然の代謝力を取り戻すことを考えていた。これは最近見つかった晩年のマルクスの膨大なノートに書かれている。これは最近の発見として重視されなければならない。

マルクスは現実の労働者が、いかにして革命の必要性に目覚め、具体的、実践的な活動に移り得るのかを解明しようとした。それはまさに資本制生産過程そのものを通して労働者が達しうる

「この現在の苦痛は変えなければならないし変えることができる」という認識の獲得であり、意識の変化だ。マルクスはこの意識の変化の中にこそ革命の実現可能性があると考えていた。だから、「疎外」や「物象化」という資本主義の矛盾を労働者に「自覚させる」ために啓蒙するという哲学的・政治的営みが必要なのではない。そうではなくて、まさに労働者が日々実感している物象化とその結果としての疎外感に働きかけて、現代社会の苦痛に満ちた現実は変えることができるし、変えなければならないということを明らかにすることが必要なのだ。『資本論』はまさにそのために著《あらわ》されたのだ

第七章
障害者解放運動と労働者解放運動

障害者解放運動と労働者解放運動をどう結ぶか

障害者解放運動にとって、カール・マルクスの人間解放の原理はどう考え、位置づけることができるだろうか。

長い間、労働運動の世界、俗流マルクス主義者の間では「人間の本質は労働である」と言われてきた。この言説がマルクス主義の原理だと誤認されたことが、障害者がマルクス主義、ひいては労働運動、社会運動に接近することを妨げてきた。なぜなら、もし人間存在の本質が労働であるのだとしたら労働していない障害者は人間ならざるものと規定されてしまうからだ。

俗流マルクス主義者たちは障害者は人間ではないと言い続けてきたに等しい。実際に、「障害者は産まれてきてはならない存在だから、障害者は産んではならない」と不妊・断種手術を強制した旧優生保護法を議員立法で制定した当時の提唱者は日本社会党議員だったという。また、多くの労働運動、社会運動の現場では、障害者を邪魔者と疎外し排除してきた。障害者が社会運動に加わろうとして、邪魔者扱いされたという経験を多く聞いてきた。邪魔者扱いがマルクス主義であるとするならば障害者が拒否するのは当たり前だ。

優生保護法は、一九四八年に議員立法で成立した。優生思想に基づき「不良な子孫の出生を防止」「母体保護」を目的とし、強制不妊手術、人工妊娠中絶などを行なった。多くの障害者らの反対に合い、一九九六年の法改正で優生思想に基づく部分は削除され、名称を「母体保護法」に改めた。

しかし、これらの言葉はマルクスのものではない。カール・マルクスは「人間の本質は労働だ」という説を明確に否定していた。マルクスは『経済学・哲学草稿』で「ヘーゲルは近代国民経済学の立場に立っている。彼は労働を人間の本質として、自己を確証しつつある人間の本質ととらえる。彼は労働の肯定的側面を見るだけで、その否定的側面を見ない」と書いている。マルクスは、労働を人類史の産出原理として把握しながらも、ヘーゲルが近代国民経済学の立場から資本主義社会で私的所有を生みだしている「疎外された労働」を見すごし、私的所有を自明のものと前提視してしまった結果、資本主義を肯定していた事実を批判する意味を明確にして、「労働は人間の本質だ」という言説を否定していたのだ。

マルクスが目指していたのはもっと豊かなあらゆる人間による新たな次元の共同体社会の実現だった。

マルクスの「労働」観

ではマルクスは労働とは何であるととらえていたのか。

マルクスは「労働は、さしあたり、人間と自然のあいだの一過程、すなわち人間が自然とのその物質代謝を彼自身の行為によって媒介し、規制し、制御する一過程である」ととらえた。動植物も物質代謝を行なう。人間が動植物と区別されるのは、人間の労働は意識的に行なわれる、すなわち「構想」し「実行」するという点だと考えた。

では、なぜマルクスは賃労働を重視したのか。賃労働こそが、今日の資本主義社会の転倒と矛盾の根源だからであり、その矛盾の内に資本主義社会の墓堀人として大量の賃金労働者を作りだしているからだ。資本主義社会では、すべてのものは商品として交換される。人間労働も労働力商品として資本家に購入されることではじめて労働の場を得ることができる。労働力が商品として資本家に買われなければいくら立派な労働能力を持っていても働く場を得ることができない。この商品という物化された物と物同士の関係性で資本主義社会は成り立っており、そこでは人と人の関係が社会を動かすのではなくて、物化された物と物の関係こそが力をもち社会を動かす原理となっている。労働が物化されて対象化された商品や蓄積された労働の対象物である機械に労働者はこき使われる。現代の社会の支配者である「資本」も蓄積された労働の運動が実体だ。労働者は働けば働くほど、自分に対する自分の労働の対象物による支配を強めるしかない。労働者は働けば働く程自分が小さくなり、労働の「構想」と「実行」の一体性は奪われ、「構想」するのは一部の資本家階級に属する者が行い、労働者は「実行」しか担えない。このように労働は疎外されている。

かたや障害者の多くは資本主義社会において「商品として売るべき労働力」を持ち合わせておらず、売るべき財産も持たない。資本家たちは、多くの障害者が持っている労働能力を、商品としての価値に換算できるほどのものではないと見なしている。歴史的には障害者は労働者の家族として「扶養」されることを通して命を繋いで来た。今日では、さまざまな形で地域における自立生活の権利を実力で勝ちとってきているが、前述のように国家による障害者政策の始まりは歴史的には傷痍軍人対策だった。それを、知的、精神をふくむ障害者が使いやすい制度に変えてきたのは、障害者が自ら勝ち取ってきたものだ。「疎外された労働」からさえも疎外された障害者が自ら生きる道をつくってきた力の源泉は、まったく障害者自身の独自の闘いだった。

共同体社会の解体

しかし、今日のような疎外された社会になったのは、昔からそうだったのではない。資本主義以前の、江戸時代の共同体社会における農耕や手工業的生産では「構想」と「実行」を担うのは一人の人間の中に統一されていた。そこでは人と人の結びつきが社会を動かしており、生産力が低いことを別にすれば、現代社会よりよほど人間性豊かな共同生活が営まれていたことが多くの研究によって明らかになっている。

江戸時代の日本には、精神障害者を取り込んだ共同体がみられたことは、資料として残っている京都岩倉村の例が示している。江戸期の障害者については、仏教の親の悪行の因果が子に報いたのが障害者だという「因果応報」説によって社会的に排除されていたという説と、相互扶助体制の中に取り込まれていたという説があり定説はない。しかし、江戸中期の俳人・与謝蕪村の「岩倉の狂女恋せよほととぎす」という句が示すように、京都岩倉村では平安時代から精神障害者と村人が共生していた千年の歴史というのは、本当にあったのだろう。

明治維新による資本主義化とは、このような江戸期共同体社会の破壊・解体であり、無一物の賃金労働者として共同体から引きはがす過程だった。「殖産興業」・「富国強兵」というスローガンによってもたらされた女工哀史の世界であり、農家の次男、三男の都市の賃金労働者や戦場の兵士としての動員だった。これが日本におけるいわゆる資本の本源的蓄積の過程であった。

その過程で行われた、薩摩藩と長州藩による江戸・徳川幕府からの権力奪取（クーデター）であったのが世に言う明治維新であり、後々まで続く幕府軍の残党や会津藩・桑名藩などとの内戦（戊辰戦争）や士族反乱、西南戦争、自由民権運動の弾圧・鎮圧だった。「文明開化」という資本主義化政策とは、血生臭い殺戮による徳川幕藩体制の下で培われた共同体社会の破壊であり、農村をはじめとする共同体からの農民や小規模生産者の引きはがしだった。

それは、自由民権運動への弾圧に見られた民主主義的諸権利の徹底的な否定であると共に、大逆事件に象徴されたように社会主義運動に対する血生臭い弾圧であった。天皇制という荒唐無稽な新興宗教による国民統合は、大逆罪のような、それにまつろわぬ民衆への徹底した暴力的弾圧を伴っていた。

「近代化」がそのようなものだったとしたら、次の社会変革の核心は、新たに導入された賃労働の廃止であり、江戸期よりも高次の生産力の下での新たな共同体的結びつきの実現ではないだろうか。この運動の中で賃労働者が重要な役割を担うのは、まさに労働組合・ユニオン運動がそのような新たな共同体の今日的な現われであり、商品という「物」が主導力となって社会を動かすという資本主義の原理を制限し、新社会を準備する「コモン」の今日的形態であるからだ。

こんにち国家権力が職種別労働組合である全日建連帯労組・関西生コン支部に対する熾烈な弾圧を加えているのは、まさにこの「商品という物の支配」を終わらせる性格をもった産業別・職種別労働組合運動だからではないだろうか。この弾圧に対する労働者の団結は新たな地平を切り開いている。

逆に、労働者を資本の軛《くびき》に繋ぎとめようとする指導部のもとにあるナショナルセンター、『連合』は新社会に発展する可能性をもった「共同体の萌芽」の反対物だ（この点は後述する）。

マルクス主義と精神障害者がめざすものとその実現論

俗流マルクス主義者が主張してきたような、「労働にもとづく分配」が将来社会だという考え方はマルクスの本来の主張ではない。「労働にもとづく分配」が行われるならば労働できない障害者は何も受け取れない。たとえ生産力が低い段階の将来社会でも分配は共同体の論理で行なわれるべきだ。旧ソ連の「働かざるもの食うべからず」という憲法は、マルクス主義の理念とは全く関係がない。

マルクス主義のめざすコミュニズムは共同体社会の、江戸時代よりもはるかに高次の生産力のもとでの現実化であり、人間の共同体には障害者が含まれることは言うまでもない。復古主義的ロマンティシズムとしての江戸回帰ではなく、共同体社会の高次の生産力の下での現実化である。必要とされる高次の生産力は現代の社会で充分に醸成されている。産まれてくるすべての人間が共同体の成員なのであり、その一員として障害者も等しい権利を持つ。

共同体社会の今日的陣地である労働組合にも労働する障害者が加わっているが、今の社会では私的労働をしない、できない障害者も独自の障害者作業所での労働や、自主的民主的運動団体や地域社会に参加する形で新たな共同体社会の形成に参加していく条件を整えている。社会的生産力の発展した将来社会において、全社会成員が共同体的に組織されるときに、すべての障害者がその共同体に含まれることは言うまでもない。

マルクスは、一九世紀のイングランドにおける革命の展望において、「アイルランドの解放なくしてイングランド人プロレタリアートの解放はない」と、まずプロレタリアートが強いられた分断を乗り超えて団結するには被差別・被抑圧人民の解放を第一の目標として闘うべきだと主張していた。「疎外された」労働者自身が、他人を疎外し差別しているかぎり、「疎外されている」自らの情況から解放されることはない。

他の人を抑圧する者は、自分自身を縛る鉄鎖を打ち鍛えているということなのだ。これは、ローマ時代からの鉄則だ。資本主義社会の転覆によってしか自らを解放できない労働者は、その前提として、自らが抑圧している被差別人民の解放のために闘わなければならない。

これがマルクスの本来の人間解放の原理だ。

左翼におけるプロレタリアート概念の混乱と障害者、精神障害者

ここで、「プロレタリアート」という概念を整理しておこうと思う。プロレタリアート概念とその対立概念として「ルンペン・プロレタリアート」を立てる物の見方に酷い混乱が見られるからだ。

「プロレタリアート」の語源を百科事典（ウィキペディア）で見てみよう。

「古代ローマ時代には帝国の広大な属州から搾取した莫大な富がローマに集積し、ローマ市民は労働から解放されていった。次第にパンとサーカスに没頭して働くことを放棄した者（多くは土地を所有しない）も増えていった。このような市民は住民統計ケンスス（ラテン語：cēnsus：センサス→国勢調査）で、自分の子供（ラテン語：prōlēs）以外に富を生み出す財産を持っていなかった階層としてラテン語でprōlētāriusと呼ばれた。」

この、プロレタリアート（子ども以外の財産を持たない無産市民）をブルジョアジー（資本家階級）との対立概念である労働者階級にあてはめて使用したのがカール・マルクスだった。彼の思想の限界は西欧諸国中心主義的であったことだ。マルクス自身が自分の思想は西欧諸国にしか適用できないと言っていた。マルクスは非西欧であったロシアには自身の思想は適用できないと明言していた。西欧では無産者と労働者はほぼイコールでつながっていた。

これに対して、イタリアの共産主義者のアントニオ・グラムシ（一八九一年～一九三七年。イタリアのマルクス主義思想家、イタリア共産党創設者の一人）は、「プロレタリアート」に替えて「サバルタン（従属的社会集団）」という概念を使った。グラムシが「サバルタン」概念を使ったのには、当時、獄中にあって検閲を通すために、共産主義的用語である「プロレタリアート」を使えなかったという事情もあった。同時に資本家対労働者の対立とは違う階級間の対立がイタリア南部や植民地諸国に見られたことの表現だった。グラムシは、それら「周辺」からこそ帝国主義世界体制を突き崩す闘いが始まると考えていた。

この「サバルタン」概念を、非西欧的諸国の無産者を社会変革の主人公と考える人びとが、革命主体を指す言葉として使用した。植民地諸国の無産者階級解放のために使われた概念だった。日本ではガヤトリ・C・スピヴァク（一九四二年生まれ。インドのベンガル出身、アメリカ合衆国コロンビア大学教員、『サバルタンは語ることができるか』などの著者）が知られている。

西欧諸国の植民地になったアジア、アフリカでは、旧来の社会構成（コミュニティ）が「後進的だ」とされて、破壊されていき、宗主国の下位の構成に位置付けられていった。それら諸国では、宗主国の資本家や買弁資本家対無産者階級の対立に階級対立が整序されていったが、非西欧諸国では、無産者は工場労働者ばかりを意味していなかった。農民の多くが土地を持たない貧農だったし、被差別カーストの人々も多く存在していた。被差別カーストの彼ら彼女らという「周辺部」こそ、植民地主義を支柱とする帝国主義と最も根底的に対立し、根底的に打倒し得る「サバルタン」であることが再認識された。

僕は、今日では、この「サバルタン」概念も、本来の「無産者階級」（子ども以外に財産を持たない無産者）という意味で、プロレタリアート概念に含めるべきだと思う。

日本左翼の混乱

旧来のマルクス思想ではプロレタリアートは工場労働者と同一視されてきた。その「プロレタリアート」に対立するものとして、「ルンペン・プロレタリアート」という悪罵が、非正規労働者たちや被差別・被抑圧人民に対して投げつけられたこともあった。例えば、差別主義的な主張が多かったことで知られる革マル派は、基幹産業に大きな拠点を持たない対立党派を、「ルンプロ反戦（ルンペン・プロレタリアート反戦青年委員会の略）」と罵倒した。革マル派は障害者などの被差別・被抑圧人民を指して「ぼろ屑のごとき連中」と言ったこともある。そういう差別主義的党派は別にしても、多くの新左翼諸党派が基幹産業の本工労働組合を組織化工作の対象にしていた。例外的に寄せ場労働者を労働組合に組織化した赤軍派系の新左翼もあった。

しかし、カール・マルクスにおいては「ルンペン・プロレタリアート」というのは、一九世紀の西欧諸国に一時的に実在した泥棒や物乞いを職業とする人びとの階層を指す言葉だった。彼ら、彼女らは農地を追われて流浪民化した元農民たちだった。彼ら、彼女らはしばしば、資本家階級に買収されて、プロレタリアートの運動に敵対していたと言われるが、実態がどういうことだったのか、具体的に示す資料を見たことはない。

小説の『オリバー・ツイスト』や『レ・ミゼラブル』には、彼ら彼女らの生活の様子が描かれている。ミュージカル化もされた『レ・ミゼラブル』の主人公の泥棒は、革命を目指す学生や労働者とともに蜂起に参加する。また、パリ・コミューンには、コミューン派に参加した「ルンペン・プロレタリアート」たちが多くいたという。

歴史的事実として、資本主義経済の発展の中で流浪民化していた農民が強制的に労働者に訓練させられていった過程で、いわゆる「ルンペン・プロレタリアート」という階層は、しだいに解消されていったと思われる。今日では「ルンペン・プロレタリアート」というのは、固定化された一階級をさす概念では全くない。実際に、マルクスは後年この言葉を「相対的過剰人口」の一部をなす人びととしてしか使わなくなった。それでも、マルクスが一つの階層を指す言葉として使ったのが妥当だったのかどうかは、当時の事情を詳しく知らないと分からないのだろう。

当時の障害者たちで「物乞い」としてしか生きられない人々は多くいただろうし、生きていくのに必死になっている人々のことを、「ルンペン（乞食）」と差別的に蔑《さげす》む権利は、マルクスを含めて誰にもない。こんな言葉は、歴史的事実として以外には使われるべきではない。

非正規労働者と「相対的過剰人口」

非正規労働者は、いつでも労働人口ではなくなる可能性を持つ流動性があるからという理由で、

「相対的過剰人口」の一部と考える学者がいる。「相対的過剰人口」は、資本主義には不可欠な労働者を供給するための失業者、半失業者のたまり場のような階層の意味だ。障害者や被差別部落民などの被差別人民を、「相対的過剰人口」として数える学者もいる。

いまでは、泥棒や「物乞い」などは階層をなすほど大勢いるわけではない。にもかかわらず、「ルンペン・プロレタリアート」概念を、いまだに左翼諸党派は明確に否定していない。いや、左翼諸党派は「ルンペン・プロレタリアート」概念を明確に規定していないというべきだろう。そこから、相対的過剰人口や「ルンペン・プロレタリアート」と非正規労働者や、障害者、精神障害者とを明確に区別しない傾向が生まれているのではないかと思っている。左翼諸党派におけるプロレタリアート概念の混乱である。

非正規労働者・障害者からの叛乱

今日、就業者中、男性で二二・三％、女性では五六・四％を占める非正規労働者たち（二〇二〇年の統計）のなかには、正規雇用労働者中心の企業内労働組合を敵視している人も多い。それは正しい認識だ。本工中心の労働組合運動の主流は、自分たちの都合のために、非正規労働者を組織化するのに止まっている。「非正規労働者の存在が、正規労働者の労働条件を押し下げる重石《おもし》になっている。だから非正規労働者を組織化しよう」、などと、非正規雇用労働者の権利保障は二の次にする差別主義的な主張が、正規雇用労働者中心の企業内組合にはいたるところに見られる。

本当に非正規雇用労働者の利益のために彼ら彼女らを組織化している労働組合は地域ユニオン運動などの少数派だ。ましてや、障害者や精神障害者を組織化しようとしている左翼的労働運動は、極々少数派だ。

多くの労働運動では、非正規労働者や、障害者、被差別、被抑圧人民などは、一段下の従属的存在としてしか位置づけられて来なかった。今日では、資本家階級打倒のエネルギーを一番多く蓄積しているのは、まさに伝統的な左翼諸党派が「相対的過剰人口」とか「ルンペン・プロレタリアート」と呼んで蔑《さげす》んできたこれらの「周辺」の「従属的社会集団」の人びとなのだ。いや、彼ら彼女らを「周辺」視する視線そのものが、今日では時代遅れだと言うべきだろう。女性労働者では非正規雇用労働者が過半数を占めていることから明らかなように、今や彼女らの方が労働者運動の主流派であるのだから。

僕は、日本で労働者対資本家という階級対立の「基幹部」から見たら「周辺」部にいる、障害者や精神障害者、被抑圧・被差別人民を、もともとの意味での「無産者階級」（子ども以外に財産を持たない市民）であるプロレタリアートの概念に含めるべきだと思う。非正規雇用労働者としてさえ扱われない「請負」労働者がプロレタリアートなのは言うまでもない。

左派が根本的に考え方を改めない限り、今日のプロレタリアートの主流派を我が同志として迎えることはできないだろう。問題は、そうした差別意識に気がつき、カール・マルクス自身にならって、マルクス主義の刷新を行えるかどうかにかかっている。

障害者解放とはなにかという問題に立ち返る

ある障害者解放運動の先輩から、「障害者解放とは何か」という問いについて意見をいただいた。「重度の脳性麻痺のIさんは『自分は歩くことも食べることも排泄もなにもかも介助が必要だ。介助してもらうことが生きていること、社会に役立つ一番大切なことだ。介助する人がボランテアであれプロであれ共に喜びあえたときこれこそ自分に出来ること社会に役立つ事だ』と言っていた。Iさんは自分の存在が社会にとって無駄なものではないということを、他の人たちとの共感を作れることを、生きていくことを通して訴えていた。Iさんは、このような関係をもっと多くの障害者と共に作っていこうとJ病院『健康を守る会』（医療生協のようなもの）の副会長として頑張って来られた。障害者は単に介護されるかわいそうな存在ではない。地域をもっと人間らしい豊かな社会にしていこうという考えで活動されていた」。

社会になんの役にもたたないと蔑《さげす》まされる重度障害者にとって、生きて人と関わり、共に喜び合える、すなわち他者との関係を取り結んでいる、そこに重度障害者が生きる意味があるということだろう。重度障害者が社会を構成する一人の人間だという喜びであったろう。僕はＩさんと社会活動の一つである障害者集会に参加している場面でお会いしたことがある。彼は社会に働きかけて変革する活動もしていたのだ。

精神障害者であり、マルクス主義者である僕は人間解放のための実践的・批判的思想に生きる意味を見出している。この世界の誰か一人でも抑圧され差別されているならば、それは僕の不幸だと感じる感性の世界に生きている。

僕に隣り合って存在している政治的活動家の世界では「選挙で何票とってくれるか」「集会に何人動員するか」という価値観が主である面が大きい。そういう価値観だけの世界には僕の居場所はない。それが障害者解放運動家と政治的活動家の世界の分かれ目だ。障害者解放運動という と、政治運動の一つだと思う人が多いだろうが、もっと人間に寄り添った人間解放運動が本旨なのだ。

障害者解放運動が政治運動をも担うのは、障害者を抑圧する社会からの解放のためには政治的・経済的変革が必要だからだ。資本主義社会は「物」の運動が原理となって人間を抑圧している。人間を二種類に分けるのが資本主義社会だ。ひと握りの支配する側の者と圧倒的多数の支配される側の者たちとに。支配される者たちはさらに分断されて資本主義社会に旨味を感じて資本家の手先となって抑圧する側に立つ者たちと、抑圧され、差別される者たちとに分かれている。

だから抑圧されている側の障害者が自己解放しようとしたら、政治的・経済的運動と連帯して、この支配・抑圧の「社会構造」を廃止しないといけない。それが障害者にとって労働者解放運動、すなわち労働組合運動や政治運動との連帯と共闘が必要な理由だ。そのためにはまず第一に労働者の側から差別の壁を取り除くことが必要になる。被差別・被抑圧人民からは、自らが差別の壁を壊すと共に、労働者たちが彼らが作っている差別の壁を壊すことを助けることが必要となる。その統一こそがコミュニズムだ。

障害者解放運動とコミュニズムはこのように結びつく。本来のコミュニズムとは人間解放の実践的・批判的運動のことだ。コミュニズムは狭い意味での国家権力の奪取を目指す政治運動ではない。哲学的立場を突き抜けて、哲学を超えたところにある人間解放の実践的・批判的運動なのだ。

終章
批判的・実践的なマルクス主義を梃子とした障害者解放を

人は変わることができる

コロナ禍で明らかになったことの中で、障害者との関係で注目するべきことがある。小さな個人の周りの幸福追求こそ、人間本来の在り方であり、コミュニズムの本旨なのだということだ。コロナ禍のなかで経済成長を追及することで「物」に支配されるのを止めて個人の幸福を追求する生活が垣間見えた。重度身体障害者のIさんの言っていたこともこのことではないだろうか。個人の生活の幸福度や充実度を上げることこそがコミュニズムの目指すことだが、その社会のほんの萌芽をコロナ禍社会に見たのだ。

おりからのエコロジーブームがあり、また東京都杉並区長への岸本聡子の当選がある。この動きが一過性のものではないことが想像された。エコロジーでは、よく「ＳＤＧｓ」が言われる。これは、国連の「再生可能な開発目標」の略だが、エコロジーを唱えながら経済成長を追及する点で「大衆のアヘンだ」と斎藤幸平は言う。彼の著書『人新世の資本論』は四五万部以上売れた大ベストセラーであり、若い世代にも人気がある。彼は「脱成長コミュニズム」を提唱している。今や成長を追及することは人類の死滅につながるのだから、資本主義を廃棄した後に、成長を追及する旧来の計画経済型の社会主義でもだめだ、これから追及するべきなのは経済成長を伴わないコミュニズムだ、と彼は言う。これは僕が考える個人の幸福を追求するコミュニズムとも通底している。

今の民衆の意識としては、経済成長一辺倒が人類の生存をも脅かしているという認識が、コミュニズムに直線的に向かうのではなくて、現状のままではまずいという中間的表現になったのが「SDGs」ブームだと思う。従来の社会主義像が経済成長追求型計画経済のものだったことが、若者たちの危機感が社会主義には向かわなかった理由だろう。若者の間でのマルクス主義者の斎藤幸平の脱成長論への支持の広がりは、この動きをコミュニズムにつなげるものとして興味深い。

岸本聡子は、水道民営化に反対し、「ミュニシパリズム」を提唱してきた人だ。ミュニシパリズムは都市社会主義とも訳され、地域の主権を大切にする新しい社会運動だ。水道民営化などの共有財切り売りに反対してコモン（社会的共有財）を大切にする考え方だ。こういうミュニシパリストが首都の区長に当選するというのは、画期的出来事ではなかろうか。単に「野党共闘の成功」などという既成政党の独善論に取り込まれてはならない。それほど住民の意識が転換されてきたことの証左ではないのだろうか。

ひたすら金儲けを追及する生き方を見直して、身の周りの幸せを追求するという価値観が、一定層の住民に支持された結果としての、岸本の僅差での当選だったのではないだろうか。この変化が生まれた原因を考えるときに、コロナ禍における価値観の転換は大きな要素だったろう。

「れいわ新選組」ブームもまた、金持ち優遇の政治からロスト・ジェネレーション（一九九〇年代のバブル崩壊以降の就職氷河期世代）の主権回復という意味が見える。これもまた経済成長第一よりも、「誰でも生きていていいんだ」という山本太郎の呼び掛けが民衆の支持を得たことを示している。

コロナ後の展望を再び経済成長神話に戻ることに求めるのでは、コロナ禍がなぜ起きたのかもつかめていないことになる。コロナ禍自体が、資本主義の周辺への発展である森林の乱開発で野生動物の持つウィルスが人類に伝播したことが原因だったと言われている。再び開発神話に戻るならば、第二、第三の「コロナ禍」が起きるだろう。何よりも発展神話、経済成長万能神話を乗り超えて、僕たちがいま見たコミュニズムのほんの萌芽を、いかにして発展させるのかということを追求するべきなのだ。

実際に人びとは生き方を変えることができた。「革命なんて絵空事だ。人間は変われないから」という根強い意見が間違いだと立証された。人びとは幸せになりたいと思っているし、それがすぐ近くにあることに気がついたのだ。実践的・批判的唯物論者はまだ無自覚な人びとの変革の兆《きざ》しを実体あるものにしないといけない。見つけ出された身の周りの幸福を実現し、拡大していくための批判的認識と実践は、社会主義革命の第一歩となるだろう。その社会主義は経済成長追求型の国家的計画経済モデルであってはならない。計画経済も人間の目が行き届くのは今の市町村規模の社会までだと言われていることをモデルにして考え直さないといけない。成長を止めて幸福を追求するには「市町村規模の市民の目の届く社会」主義でなければならないのだろう。

資本主義と社会保障

批判的・実践的な歴史的唯物論の見方でもって、最初に資本主義が発展したイギリスを例として見てみると、社会福祉は資本主義の勃興期から始まっていることがわかる。最初は「資本の本源的蓄積」である農地囲い込みなどによって、農村を追われた農民が都市で、「浮浪者、乞食、泥棒」として生きていかざるを得なくなったことから、キリスト教の「教区」ごとに「救貧院」が作られた。彼ら彼女らが工場労働者にすぐになったわけではなかった。一六世紀末には、「教区」に「救貧税」が導入され、以後この税は増額されていった。

一八世紀末から一九世紀初頭、工場工業の急成長が社会生活の条件の大変化をもたらした。貧農が都市へ殺到し、工業都市に人口が集中し住宅は絶対的に不足した。都市の労働者居住区は、暗く、悪臭がただよい、汚水・汚物があふれ、伝染病が発生するスラムと化した。病院と医療の不足、住宅の欠乏、栄養不足が社会の脅威になった。一八三四年の法律は、「教区」を越えて、のちに地方自治体に発展する「救貧団体」を作った。また、公教育の必要や、公衆衛生などによって大衆的貧困現象を除去する必要から、一八三二年の選挙制度改革で、近代的な意味の地方自治が始まった。

資本家たちが旧体制の支配者である貴族階級にとって代わる過程で、「救貧対策」は社会を維持・運営することができる者として自己を押し出す意味で不可欠のものだった。この支配階級の交代はイギリスでは急進的革命によってではなくて、緩慢な交代として行なわれた。実に一九世紀半ばまで英語では「貧民」と「労働者」は公式に同義の言葉だった。「貧民」になった農民を労働者として教育しなおす一方で、産業予備軍＝失業者となった「貧民」を救済することは資本家階級が支配者であり続けるためには不可欠の政策だった。

一七世紀のイギリス人哲学者、ジョン・ロックは、「王権神授説」にとって代わる「社会契約論」を唱え、後の時代の「アメリカ独立宣言」や「フランス人権宣言」などに大きな影響を与えた。彼は、困窮者は富者から余剰を受け取る権利があり、富者は困窮者に余剰を与える義務があるとする「慈愛の権利」を唱えた。

社会保障の破綻点

このように見てみると、今日の日本における社会保障の破綻点である多数のホームレスの存在（厚生労働省統計では二〇二二年に三五〇〇人）、障害者への構造的な虐待装置である障害者施設や精神科病院の状況を改善することができないことは、日本では資本家階級がもはや、社会を維持・運営することができなくなっていることの証明としてあるのだろう。

虐待が繰り返される知的障害者、身体障害者の収容施設や精神障害者に対する構造的虐待装置である精神科病院を歴史的な唯物論でとらえてみる必要がある。これらの「施設」「病院」は「国連障害者権利委員会」からも廃止することが、日本政府に対して突きつけられている。

構造的に人間を人間として扱わない収容施設が必要なのは社会的福祉の財源の絶対的不足が原因であるとされている。それは生命力を失った資本主義の断末魔の叫びである。

日本においては資本主義化にともなって、一般社会には障害者を吸収する余力がなくなり、家族の破壊が進んだ結果、人びとは障害者を施設に、精神障害者を精神病院に追いやった。江戸期の人間社会の社会扶助のなかでは障害者が当たり前に暮らしていた時代があったと言われる。これを否定する立場の「因果応報説」でも悪いのは親であり障害児を粗末に扱うと親に慈悲の心がないから罰が下ると言われた。

それに比して、「文明開化」「殖産興業」「富国強兵」の政策が既存産業や家庭を壊して労働する人びとだけをその中から抽出し、「労働できない人びと」からは一般社会の居場所を奪った。それは、まったくの資本主義的価値観にすぎない「能力主義」「自己責任論」を、労働者や障害者自身にまで刷り込む過程でもあった。

こうした資本主義の破綻点を補うはずの社会福祉制度からも、こぼれ落ちる大勢の人びとが生み出されていた。初めから、または中途から労働過程からはじき出された重度障害者らは、社会保障の埒外に置かれていた。精神障害者は一九五〇年まで、沖縄では一九七二年まで、民家に作られた座敷牢に私宅監置されていた。

これらは新たな、資本主義の墓掘り人を膨大に生み出す破綻点であった。障害者施設や精神科病院を廃止したいという願いは、一九七〇年代から障害者解放運動の潮流を生み出した。そればかりか、この障害者解放運動は、労働運動の歪みを糺す新たなターニングポイントでさえあった。多くの労働者が障害者解放運動からの批判と叫びを受け止めて来た。まだ、労働運動全体を動かすほどの多数派にはなっていないが、少数派のユニオン運動の中にそれは見いだされている。それは多数派を獲得する論理を内に秘め、磨いている。

一九八七年の中曽根政権による国鉄分割・民営化は、「総評」労働運動解体による労働運動の大後退をもたらした。しかし、今日ナショナルセンター『連合』は資本家階級の手代である正体を、誰にもわかるように晒し出しており、『連合』の内部と外部から、地域ユニオン運動などが、その支配体制を突き崩さんと闘っている。そしてその先端部は、障害者解放運動と結び付いている。

かくして、資本主義の破綻点が、その墓掘り人を生み出し続けることになる。今日の日本の、鉄鎖以外に失うべき何物も持たない一〇〇〇万人の障害者の存在は、資本主義によっては解決・

解放不可能であることが、ますます明らかになりつつある。問題は、資本主義体制の護持者である自民党・公明党連立政権にとって代わる、社会主義政党の未成熟だけだ。

「木村英子さんとおしゃべり会」の教訓

二〇二二年六月一九日、兵庫県の南東端にある尼崎市立ユース交流センターでの「木村英子さんとおしゃべり会」は、一地域の障害者集会であるにもかかわらず、予想を超える八一人の参加者で大成功した。れいわ新選組の参議院議員で重度障害者として初めての国会議員である木村英子さんと語りあうという企画だった。

英子さんの三〇分ぐらいの提起は分かりやすく、提起よりも長い時間、活発な質疑、討論が行なわれた。兵庫県西宮、尼崎地域の障害者と介助者、障害者の親を中心に地域の労働者も参加した。開催一〇日ほど前に、参加者が会場からあふれそうだということで、急遽別室にインターネット中継する態勢を取った。時間が足りなかったところは後の小一時間の交流会に持ち越した。時間的制約で、交流会も途中で打ち切らざるを得なかったほど活発な意見交換が続いた。

木村英子さんは、幼くして障害者になってから、施設に入れられて養護学校に行き、一九歳で施設から家出して飛び出した。そして、当時はまだ珍しかった地域自立生活をしていた先輩障害者のところに転がり込んで、自立生活を始めた。障害者運動のなかで山本太郎との出会いがあり、国会議員にならないかと声をかけられ、迷ったが出馬した。議員になってからは参議院国土交通委員会に所属して、交通関係を中心にバリアフリー化を実現してきた。

直後に投票日があった参議院議員選挙に立候補したれいわ新選組の天畠大輔《てんばただいすけ》さんなども参加して障害者問題を闘う決意を表明した。とくにわざわざ東京から来た天畠さんは重度障害者で独特な発言方法（あかさたな話法）をする方で大きな共感を得た。

木村英子さんのわかりやすい語り口のお話しと、丁寧な質疑は多くの人たちから共感を得たことが集会後に集めたアンケートからも分かった。障害者が地域で当たり前に生きていくという障害者解放論の普及にとても役立ったと思う。

日頃あまり接することのなかった人びとが参加したことは、うれしかったし、今後の地域障害者運動の力にもなると思う。とくにそれまでは党派嫌いなのだと思っていた人たちが、参加して発言してくれたことはありがたかった。

個人的な総括

この集会の成功は、西宮市、尼崎市内の障害者や障害者の親、共感する労働者が幾度もの実行委員会を重ね、意思疎通を大事にし、それぞれの長所を活かし短所を補い合う共同主義を発揮したことに大きな勝因があった。僕は上下関係をつくらないように心掛けた。そのなかで僕が「指示している」と指摘を受けることもあったが、すぐに気が付いた。そういう結集体であることの象徴的な存在だったのが実行委員長を務めたピープルファースト・ジャパン（知的障害者の全国団体）会長だった。お互いができることとできないことを自慢したりけなしたりするのではなくて、尊重し合う風土が生まれていた。

これは社会の中で蔑まれ、けなされ続けてきた障害者が、そういう価値観を乗り超えて社会参加をひとつひとつ実現してきた経験から来る生き方を体得した結果だったと思う。

僕なども七〇年安保闘争を闘って以来の左翼活動家としての年月では、独りよがりで偉そうで鼻もちならない傲慢でいけ好かない奴だったろう。しかし、その後のもっと永い年月の重度精神障害者としての経験が、そのような主体をとらえ直すきっかけとなった。とりわけ同じ精神障害者の連れ合いとの共同生活がいっそう「共同する」ということを叩き込んだ。

すべてが価値観の転換だった。

そして、多かれ少なかれ同じような経験をしてきた立場の人たちが集まったなかに、木村英子さんという社会の価値観を根底からひっくり返す存在が結びついた時に、予想を超える化学反応を引き起こして、支持が多くの障害者や市民から寄せられたのではないかと思う。

僕のまったく個人的な総括としてそんなことを思った。

全体的な総括

「木村英子さんとおしゃべり会」の実行委員長でピープルファースト・ジャパン会長の岸田茂樹さんが貴重な意見を寄せてくれた。

「『木村英子さんとおしゃべり会』の反省するべきは、当事者の声が少なかったことです。当事者が発言する機会はあまりありません。大体は職員の人や親が話しますが本人の意志とは、違うのかな。本人の気持ちは、本人しかわからないので。参加してくれた人は、多かったけど。Kさん（れいわの候補者、「健常者」）の発言も考えてほしかった。知的障害の人の理解は、難しいかな、今は入所施設から、グループホームに、虐待とかされている入所施設でもありますが人間扱いされていません」。

僕の精神障害者の連れ合いも同じことを感じていて、集会直後にもそう言っていた。僕が同じことを感じなかったのは「健常者」である障害者の親や支援者に同化しすぎてはいなかったかと、反省すること大だ。

他の感想としては「大成功だった。予想以上の参加者だった」「木村英子さんの声が生で聴けたのは最高だった」「ピープルファーストの当事者の発言はよかった」「交流会ではディープで親身な話ができて良かった」「みんなの力で盛り上がった」「現職の労働組合からの参加がなかった。尼崎市教組とか来てほしかった。やはり、インクルーシブ教育が大事だと思う」など集会の成功を祝うものが多かった。

これら「大成功」という意見は支援者や障害者の親などの意見が多く、傾聴するべきは岸田茂樹さんの意見だと思う。岸田さんの言う観点で運営されていなかったことは、おおきな問題を提起している。この実行委員会の陣形のなかで、障害当事者と障害者の親や支援者との「ずれ」が生じていた。この「ずれ」は軽視してはならない重要な問題だ。

僕が障害者運動に参加した当初から「代弁」してはだめだとよく言われていた。障害者に「なりかわって話す」人が身近でもいていらついたことを思い出す。僕が岸田さんらが気が付いたことに気がつかなかったことは、支援者や障害者の親の側に近づきすぎてしまっていたのではないかと危機感を持った。支援者や障害者の親にも分かる言葉で語ろうとしてきたことが、かえって自己の立脚点・原点を見失うことにはなっていなかったかと反省したのだ。

精神障害者は生まれつきの障害者ではない。だから「健常者」の視点しか持っていない人は珍しくない。僕は重度身体障害者で知的障害者で自閉症の人や、脳性麻痺者らとの付き合いの中で障害者解放運動家としての自己を形成してきた。それでも「健常者」としての視点がつきまとう。周りの「健常者」活動家と付き合い、彼らとも運動を共にするなかで、そちら側に引きずられる面があったのではないか。「木村英子さんとおしゃべり会」の成功と教訓は僕に『健常者』側に引きずられてはならない」という大きな教訓を残した。

僕の立脚点は、「精神障害者であるマルクス主義者」だ。そこに立ちきり、批判的・実践的唯物論の眼を、研ぎ澄まさないといけないというのが、最大の総括だ。

この本を完成させるのにあたって、心においたことは精神障害者の主体として立ちきることだった。うまくいったかどうかは読者の判断に任せたい。

（了）

あとがき

本稿をまとめた後でいくつかの出来事があったのだが、本稿に入れ込むのは無理があるのであとがきとする。また、本稿ではＬＧＢＴＱ差別について触れていない。今日では、自民党の国会議員・杉田水脈らによる差別発言の数々や旧統一教会と一体になった自民党総体のＬＧＢＴＱ差別が大きな問題になっている。とくに触れなかったが、これも障害者解放運動が取り組むべき大きな課題である。

一つは、僕に自閉症症状があることが確認されたことである。ＮＨＫで二〇二二年夏に放映されたフランス制作の刑事ドラマ「アストリッドとラファエル　文書係の事件録」の主人公アストリッド（サラ・モーテンセン）と彼女が通う自閉症の人々のためのコミュニティ「社会力向上クラブ」の友人たち自閉症者の行動が僕に非常に似ていることに気が付き深い共感があった。「アストリッドとラファエル　文書係の事件録」は自閉症者の犯罪資料局文書係アストリッドがその特有の情報解読能力を発揮して、女性刑事のラファエル（ローラ・ドベール）とともに事件を解決していく。

自閉症者特有の社会的スキルやコミュニケーション力の欠如を前にして、ラファエルはなかなかアストリッドとの距離を縮められないが、ラファエルが自閉症者の特性を理解し、ラファエルとの交流の中でアストリッド自身の中で「社会力向上」の変化が起きたことで、二人の間に友情が育っていく過程を描いている。アストリッド役のサラ・モーテンセンは「健常者」だが、「社会力向上クラブ」の友人たちは実際の障害者たちが演じているからリアルさがあった。

僕自身の自閉症を疑い、行なった医学的なセルフチェックによって自閉症の可能性が高いという結果が出た。僕は自閉症の大きな特徴とされている五つの指標の内、「社会的スキル」「コミュニケーション」では非常に多く、「注意の切り替え」「想像力」では多く該当し、「細部への注意」は該当がないと言う特徴があった。主治医に相談したところ、統合失調症者で自閉症症状を持つ人や自閉症者で統合失調症の症状を持つ人は多いこと、僕の診断結果としては統合失調症の残遺症状としての自閉症症状だろうということだった。僕には統合失調症の薬が効いているのだから納得のいく結論だ。

僕のこの自閉症状は古くからあったのにこのドラマで実際の自閉症者のありようを観るまで、自分では気が付いていなかった。僕には大人の自閉症についての正確な認識がなかったからだ。アストリッドとその仲間たちの行動と周囲の彼女らへの反応を観ることで初めて実際の「大人の自閉症者」を知ることができ深く共感したということだ。これでもう一つさらに根本的に自分自身について深く知ることができた。統合失調症の症状として自閉症症状があるとしたら、僕の高校生時代からの行動にもいろいろな説明を与えることができる。高校生時代から同じ病気だったのかは分からないのだが。

僕が自閉症症状だと分かったことで何かと納得のいくことが多い。具体的には、「人と会うのが極端に苦手」「特に初対面の人と会うのは嫌」「あまり知らない人が多い会議には行きたくない」「大勢の密集した集会は苦手」「熱気むんむんという集会からは逃げ出す」「二〇一五年の安保法制反対国会前一〇万人集会に行ったが人が多すぎて密度に耐え切れず数分もいられず立ち去った」「電車に乗るのが苦手」「満員電車は絶対に嫌、降りる」「対人関係でいつもびくびくしている」「論理がおかしい相手には糺そうとこだわり気になる」「間違ったことを飲み込むくらいならそこに行かない」「今も党派の誤りが気になって仕方ない」というところなどだ。もっとありそうだがそれはゆっくり考えていけばいい。それにしても障害者の役を演じるのが実際の障害者だというフランスの先進性と、嘘っぽくも感じる日本の俳優が演じる障害者像という文化の差は何だろう。障害者の社会参加の度合いの大きな差を感じる。

もう一つは「国連障害者権利委員会」の対日勧告（「総括所見」）が二〇二二年九月九日に出たことだ。またこれを受けたはずの「障害者の日常生活及び社会生活を総合的に支援するための法律等の一部を改正する法律」（総合支援法、精神保健福祉法、障害者雇用促進法、難病法、児童福祉法をまとめて一括で審議、採決する）が同年一〇月一四日に閣議決定された。

対日勧告を報じた一〇月一二日の東京新聞の社説を抜粋する。

「障害者の権利　改善勧告を受け止めよ

国連の障害者権利委員会が、日本の障害者政策を初めて審査し、精神科医療や障害者教育などについて改善を勧告した。／審査は日本が二〇一四年に批准した、障害によるあらゆる差別を禁じた障害者権利条約に基づいて行われた。／所見冒頭で懸念を指摘したのは日本の政策が、健常者が障害者に『やってあげる』というパターナリズム（父権主義）に偏っているという点だ。／障害者は平等に扱われる権利を持ち、社会はそれを保障する義務があるとの条約の趣旨に反する父権主義は共生の理念と矛盾し、収容や分離につながりかねない。／所見が紙幅を割いたのは精神科医療と障害者教育の問題点だ。／日本の精神科病床数は経済協力開発機構（ＯＥＣＤ）加盟国全体の四割弱を占め、平均入院日数も突出している。主な原因は医療保護入院など強制入院の制度にある。／所見は強制入院を障害を理由とする差別と断定し、制度を認める全ての法律の廃止を要請した。／患者が病院内での虐待や非人道的な扱いを外部に報告しやすい仕組みの創設や、加害者の刑事処分を見逃さないことも勧告した。／障害者教育についても、特別支援教育を分離教育と懸念し、中止に向けて障害のある子とない子が共に学べる「インクルーシブ（包摂）教育」

に関する国の行動計画を採択するように求めた。／永岡桂子文部科学相は『特別支援教育を中止する考えはない』と述べた。勧告を一蹴していいのか。／権利委のヨナス・ラスカス副委員長は『分離教育は（大人になっても）分断された社会を生む』と指摘する。障害者を締め出す社会は弱く、もろい。政府はいま一度、条約の趣旨に立ち返るべきである」。（引用は以上）

これに対して、日本政府の障害者権利条約の扱いは極めて軽い。というよりは徹底して無視するつもりだ。二〇二二年一〇月一四日、閣議決定された、いわゆる「束ね法案」すなわち、「障害者の日常生活及び社会生活を総合的に支援するための法律等の一部を改正する法律」では法律の一部である「附則（検討）」として、「第三条　政府は、精神保健福祉法の規定による本人の同意がない場合の入院の制度の在り方等に関し、精神疾患の特性及び精神障害者の実情等を勘案するとともに、障害者の権利に関する条約の実施について精神障害者等の意見を聴きつつ、必要な措置を講ずることについて検討するものとする」と、これしか権利条約委員会対日勧告には触れたところはない。「ちょっと待て」と言いたくなる。総括所見の総合的な障害者政策に対してたったこれだけなのだ。総括所見が精神科病院への長期入院や強制入院、精神保健福祉法と医療観察法を廃止することを強く求めていることを法案では完全に無視抹殺している。権利委員会は二〇二八年に次の報告をするように日本政府に求めているが、今回の法案では次の改訂は二〇二九年とされており、総括所見を無視した法律を今後一〇年間維持するつもりなのか。事実上「日本国政府は次の報告でも権利委員会の総括所見など徹底的に無視するぞ」、という宣言なのだ。

しかもこの附則は、「障害者権利条約第四条三項」の「締約国は、この条約を実施するための法令及び政策の作成及び実施において、並びに障害者に関する問題についての他の意思決定過程において、障害者（障害のある児童を含む。以下この三において同じ）を代表する団体を通じ、障害者と緊密に協議し、及び障害者を積極的に関与させる」という規定に比しても極めて軽い扱いだ。精神障害者一個人の意見を聞き置くだけで、「障害者を代表する団体を通じ」、「緊密に協議し、積極的に関与させる」には程遠い。実際にこの法案をまとめる過程でも、「精神障害者や障害者を代表する団体」の関与もなければ、「緊密な協議」もいっさいなかった。最も重視されたのは「日本精神科病院協会」会長の山崎學の意見だった。悪徳病院を多く含む日本の民間精神科病院の代表である山崎學は「外圧に負けるな」「強制入院制度を廃止して困るのは警察と保健所だ」と一時間以上も恫喝した。この検討会は強制入院制度である医療保護入院制度の廃止へ向けて議論していたのだが、呼ばれてもいないのに押しかけた。さらに酷かったのは、この発言を引き取った厚労省側官僚などからは山崎に対するおべっかを使う発言が続いたことだ。山崎の迫力に気押されたのか出席していた精神障害者を含めて誰からも反対意見は出なかった。その結果、検討会の結論も法案も、かえって強制入院を拡大するものになってしまった。

条約には法的拘束力はないと言う人たちがいる。しかし日本国憲法第九十八条と第九十九条は、国務大臣は締結した条約を遵守しなければならないと定めている。すなわち、「第十章　最高法規〔憲法の最高性と条約及び国際法規の遵守〕第九十八条　2　日本国が締結した条約及び確立された国際法規は、これを誠実に遵守することを必要とする。〔憲法尊重擁護の義務〕第九十九条　〜国務大臣〜は、この憲法を尊重し擁護する義務を負ふ。」と明らかに国務大臣は、締結した条約を遵守しなければならないのだ。法理論上は条約は憲法より上位だとされている。憲法第九十八条の一項では憲法が最高法規であることを定めており、二項において条約をそれと並ぶ最高規範であると位置づけていることは明白だ。

「障害者関連束ね法案」は日本共産党とれいわ新選組が反対投票したが、一二月一〇日に成立した。しかし一二月六日に国会前で一〇時間以上の街頭座り込みを決行した僕たち「大フォーラム実行委員会」の闘いは東京新聞にも大きくとりあげられ、障害者・精神障害者の実力的闘いの新たな時代を切り開いた。

ある権利条約委員は「対日勧告」検討の席で日本の障害者に対して「ここからはあなたたちの仕事だ」と言ったという。差別をなくしたくはない日本国政府を変革し、差別解消に本気になる政府と取り替えることは僕たちに課せられた当面の責務だ。国際基準の障害者解放運動を目指した僕の解雇撤回闘争と、その後の運動的・理論的な発展が、障害者権利条約を実現し、それをも超えた「各人は能力に応じて働き、必要に応じて受け取る」社会、すなわちコミュニズムを実現する闘いの一助になればと願う。

この本を完成させるにあたって、精神医学的監修を神戸の精神科医の柴田明さんにお願いした。深く感謝したい。また、批評社のスタッフのみなさんには、お世話になったことを感謝したい。

著者識

二〇二二年一二月

著者略歴

高見元博（たかみ・もとひろ）

1951年生まれ。1960年代高校造叛学園闘争を闘う。甲南大学卒。反戦青年委員会（ベトナム戦争に反対するため「総評」が作った青年労働者の大衆組織）に加入。大学生協職員などを経て1977年郵政省職員。全逓信労働組合に加盟し、1978年年賀状配達を止めた越年順法闘争を闘い1979年より支部青年部副部長（分会青年部長）を2期務める。1991年職業病である頚肩腕症候群を原因とする精神障害により免職。解雇撤回を争い1999年神戸地裁で解雇取消しの勝訴、2000年大阪高裁で逆転敗訴、同年最高裁で敗訴確定。1994年兵庫県精神障害者連絡会結成に加わり、現在代表を務める。1995年まで「全国『精神病』者集団」の執行委員である「事務局員」を勤めた。

共著書として、『生きている！殺すな！』（山吹書店）。

ブログ『マルクス主義2.0（アップデート）』。『季刊　精神医療』（「精神医療」編集委員会）に執筆。

PP選書

重度精神障害を生きる

——精神病とは何だったのか　僕のケースで考える

2023年2月10日　初版第1刷発行

著者……高見元博

装幀……臼井新太郎

発行所……批評社

〒113-0033　東京都文京区本郷1-28-36　鳳明ビル201
電話……03-3813-6344　fax.……03-3813-8990
郵便振替……00180-2-84363
Eメール……book@hihyosya.co.jp
ホームページ……http://hihyosya.co.jp

印刷・製本……モリモト印刷(株)

乱丁本・落丁本は小社宛お送り下さい。送料小社負担にて、至急お取り替えいたします。

ⓒTakami Motohiro 2023 Printed in Japan

ISBN978-4-8265-0739-4 C1036

JPCA
日本出版著作権協会
http://www.e-jpca.com/

本書は日本出版著作権協会（JPCA）が委託管理する著作物です。

複写（コピー）・複製、その他著作物の利用については、事前に日本出版著作権協会（電話03-3812-9424, e-mail:info@e-jpca.com）の許諾を得てください。